JN438496

아름다운 간격

황점복 수필집

아름다운 간격

황점복 수필집

신아출판사

머리말

행복은 혼자 오지 않습니다.
좋아하는 대상이 있어야 합니다.
좋은 사람과 함께하거나
좋아하는 여행을 하는 일, 좋아하는 그림을 그리는 일
성악가가 아니더라도 좋은 노래를 부르는 일
감상하는 자체만으로도 행복해집니다.

행복은 혼자오지 않습니다.
이렇듯 슬픔도 기쁨도 나누어야 배가 되듯이,
때때로 여행을 하면서 생활속에서 느낀 것들을 함께 나누고
싶어서 한권의 책으로 정리했습니다.
비슷한 문화 같지만 사람의 얼굴이 다름처럼
풍경도 다르고 문화가 다름을
인정해야 하는 게 문화이지 않을까요.

먼저,
두 번째 수필집을 한권의 책으로 엮어낼 수 있도록
인도해주신 하나님께 감사를 드립니다.
이 책을 통하여 하나님의 영광이 되고 싶습니다.

인생길 가는 동안 때로는 힘들고 지칠 때가 있지만,
묵시적으로 격려해 주시고 힘을 얻을 수 있도록
멘토가 되어주신 모든 분들의 귀한 사랑에 힘입어
다시금 일어섭니다.

감사합니다.

황 점 복

차 례

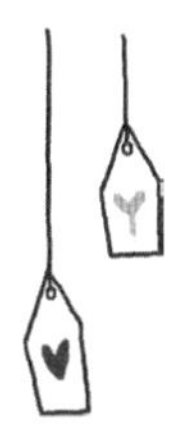

2부_ 고향의 우물

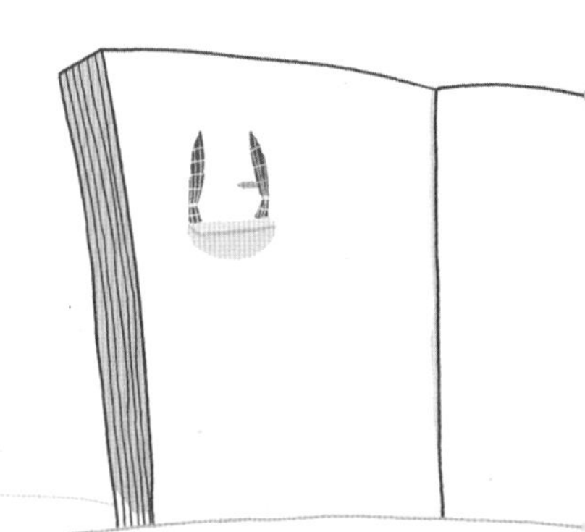

3부_ 대청봉을 오르며

4부_ 하늘과 바다가 맞닿은 곳

1부

누가 알아주기를 기대하지 않는다

주름살

주름은 길이다. 수없는 마음들이 오고 가고 수없는 사연들이 흘러가고 흘러오는 길. 내 얼굴에도 숱한 길이 있다. 가족과 친구와 이웃과 정을 나누고 더 크고 원대한 배움을 익히며 타인과의 사랑과 이별을 겪으며 그 길은 세 갈래로 나뉘고 다져졌다. 동경과 꿈이 배어 있고 걱정과 한숨이 녹아 있고 슬픔과 울분이 스며 있다. 그중 눈가의 주름은 내 얼굴의 군소의 길 중에 가장 마음에 들지 않는 길이다. 그 길은 타인의 사연이 흘러오는 것을 일부러 막아서는 듯한 험한 둔덕을 끼고 있기 때문이다. 자연히 평범한 이웃들은 그 길을 선호하지 않을 것이다. 억세고 심술궂기까지 한 그 길에는 언제부턴가 타인의 발길이 뚝 끊긴 듯도 싶다.

화장을 잘하지 않는 내가 그래도 그 길만은 조금 시간을 들여서 파운데이션이라도 펴 바르곤 하는데 마찬가지다. 이미 나 있는 길은 기초화장에 색조화장을 아무리 정성껏 해도 두툼한 심술의 장애물을 가려낼 길이 없이 도드라져 보인다. 외출이라도 할 양이면 거울 앞에 서는 시간이 길어진다. 아무리 해도 그 길 때문에 전체적인 인상이 좋아

보이지 않기 때문이다.

"여보, 나 수술할까 봐요. 눈 밑 주름이 영 신경 쓰여요."

"생긴 대로 살지, 뭘."

남편은 아내의 이 심각한 고민이 그저 우습고 하찮아 보이기만 하는 것일까.

눈 밑 지방을 제거하는 수술이 있다기에 혹해 있다가 얼마 전 미용실에서 펼쳐본 잡지책에 수술 전과 수술 후의 비교 사진을 보고 사뭇 마음이 끌려서 넌지시 화두를 꺼내본 것인데 역시 남편의 화법은 완곡하면서도 강하다. 남편이 그러라고 해도 아마 평생 성형외과의 문을 두드릴 날은 오지 않을 것이련만. 말이라도 한 마디 "그래? 나는 괜찮지만 그렇게 마음에 걸리면 한번 알아 봐요." 했더라면 두고두고 뿌듯하지 않았을까.

그뿐이랴. 남편을 자랑스러워하고 신뢰하는 마음이 그전보다 몇 배는 두터워졌을 것이다. 하기는 나도 이 '말 한 마디의 진정'을 소홀히 하고 남편을 서운하게 할 때가 종종 있다. 남편의 속마음이 아내의 기탄없는 칭찬 한 마디 듣고 싶어하는 줄 뻔히 알면서도 그 한 마디에 끝내 인색하여 나보다 몇 살이나 많은 점잖은 남편을 삐돌이 아이처럼 만들어 버릴 때가 있었다.

입장을 바꿔 생각해보니 그동안 남편이 너그럽지 못한 아내에게 얼마나 조바심을 내고 심기가 불편했을지 짐작이 가고 많이 미안하기도 하다.

새삼 부부지정의 밀도를 되돌아보게 하는 눈 밑의 길은 언제부터 생긴 것일까. 오래전 일이다 뒤늦게 아동복지학과에 다시금 문을 두드렸다.

사회복지학을 이수하기 위해서는 6주 이상 장애복지관이나 기타시설에서 봉사활동을 해야만 했다.

때문에 복지관을 찾게 되었다. 그들은 모두 장애인들이었다.

정신지체 1급부터 뇌성마비 1급, 증상이 가벼운 사람들도 있었지만 대부분 심각한 장애를 가진 중증 장애인들이었다. 사지가 뒤틀린 채 평생을 누워서 살아야 하는 이도 있고, 제 몸을 학대하여 하루가 멀다 하고 피를 보는 아이도 있고, 눈만 끔벅끔벅 누워서 떠주는 밥을 받아먹을 힘이 없어 손으로 입을 벌리고 먹여야 되는 이도 있었다. 고릴라 같은 큰 덩치에 문턱이고, 기둥이고 가리지 않고 꽈당, 꽈당 넘어져 머리와 얼굴이 상처로 울퉁불퉁 길이 난 채 헬멧을 쓰고 사는 이도 있었다.

그 때문인지는 모르겠지만 아직은 내 얼굴에 예뻐지기 위해서 손을 댄다는 생각은 농담에 불가한 것이다. 사람마다 다르겠지만 눈가의 주름이 곱고 순한 사람들이 있다. 이 사람들은 웃을 때 특히 이 주름이 진가를 발휘한다. 두 눈을 중심으로 마치 은은한 꽃 두 송이가 살포시 피어나고 동시에 얼굴 전체가 하나의 화사한 꽃처럼 피어난다. 꽃 같은 고운 길로 닦이기까지 그들의 생애 또한 그렇듯 순정하고 포근하고 너그럽게 끌어안지 않았을까.

자신보다는 타인을 먼저 생각하고 가까이 있는 이웃들에게 보기만 해도 힘이 되고 아름다운 자극을 심어준 삶을 살아오지 않았을까.

눈가의 길이 순하고 섬세한 이에게서는 알 수 없는 믿음과 넉넉함과 고요한 포용력이 느껴진다. 그런데도 이 소중한 주름을 일부러 돈을 들여 없애려고 안달을 하는 사람을 보면 한쪽 마음이 답답해진다.

현재의 자신을 부정함은 물론 애써 가꾸고 닦아온 연륜과 알뜰한 삶의 흔적까지 지우려는 것으로 어리석음의 발동이지 않을까 싶기 때문이다.

주름은 인생이다.

내가 세상에 어떤 걸음으로 걸어 나갔는지를 뚜렷이 보여주며 살아온 세월이 고스란히 묻어 있는 인생 자체다. 주름이 유독 험하고 거칠고 크고 깊숙한 사람들에게는 그 달려온 인생 또한 순탄하지 않았음이 느껴진다. 그인들 타인이 쉬어 가고 싶은 아늑하고 평탄한 길을 만들고 싶지 않았으랴. 이따금씩 쉬어가며 자신을 돌아볼 여유도 없이 숨가쁘게 달렸던 그들의 역경과 굴곡 많았던 삶에 경의를 표하며 이제라도 온유하고 다감하고 여유로운 일만 생기기를 간절히 기도할 뿐이다.

웃으면 더 밉살스럽게 일그러지는 내 눈가의 주름 이제라도 살뜰히 보듬어 줘야겠다. 누가 보면 참 심술궂다, 밉상이다 하겠지만 한때의 순수한 소명감으로 불우한 이들과의 정을 나눴던 젊음의 흔적이 아닌가. 거울을 볼 때마다 그때의 순수한 동기를 흠모하며 현재의 나를 돌아보리라. 그때 이후 특이할 만한 주름(길)이 생기지 않았음은 더 이상 뜨겁고 진솔함이 아닌 적당 적당히 살아왔음을 의미함이 아니런가.

이제는 주름이 생기는 것을 두려워하지 않으련다. 주름은 나 자신을 이웃에게 데려가고 이웃을 나에게로 오도록 하는 정다운 길이기 때문이다. 대신 크고 눈에 띄는 길보다는 작고 약해서 큰길에선 함부로 나다닐 수 없는 연약한 마음들이 터놓고 오갈 수 있게 가능하면 좁고 가늘고 부드러운 길을 만들리라. 그러기 위해선 지금보다 더 세밀한 마음의 정도精圖로 내 안을 재정비하고 지금보다 더 투명하고 정갈한

축척으로 영혼의 지도를 기록해야 하리라. 거울을 보며 내 삶이 배어 있는 주름들을 본다. 어떤 의미로도 깊이와 연륜이 묻어나려면 아직 멀었다. 그것이 아닌 데에야 삶의 어떤 한가함과 나태는 물론 투정과 한숨조차 스스로 용납해서는 안 되리라.

또 다른 깨달음

사월은 잔인한 달이라고 누가 말했던가. 잔인하다는 것은 무엇을 말하는 것일까?

각자의 상황과 처지에 따라 해석이 되겠지만, 잔인하다고 생각하는 것들은 그 사람에게 그 만큼, 큰 부분을 차지한다고 해도 과언이 아닐 것이다. 우리네 삶은 언제나 평범하며 평안한 것 같지만, 그다지 녹록지만은 않은 것이 우리들의 삶인 것 같다.

우리 모두에게도 영화의 한 장면처럼, 인생의 예고편이 주어진다면 얼마나 좋을까?

그렇다면 찾아오는 불행의 삶을 거의 최소화 하지 않을까?

신은, 우리에게 먼저 지혜를 허락해 주었다고 한다.

하지만 우리는 삶의 예고를 잘 알지 못한다. 때문에 어느 날 삶에 불현듯 찾아오는 고통의 불행은 누구나 예외는 아니며, 그 고통은 무엇에 비견할 수 없다.

그래도, 슬기롭고 지혜롭게 인내하면서 잘 다스려가는 사람들은

그만큼 노력하고

아픔조차도 사랑하는 사람들이리라. 모든 건강의 문제는 과로와 피로가 원인이라고 하지 않던가. 알면서도 피치 못할 상황이 있고, 알 수 없어서 당할 수밖에 없는 경우가 종종 있다.

요즘시대를 살아가는 사람들 중 직장생활과 가정생활, 2중3중의 일들을 갖고 살아가는 사람들이 많다. 경우에 따라서 하지 않으면 아니 되기에 어쩔 수 없이 하는 일들도 있고, 그 부분에 특별한 재능이 있어 감당하는 사람들도 있을 것이다.

이 부분만큼은 그들에게 운명이라고 생각해야 되지 않을까?

사람들은 때때로 찾아드는 스트레스를 풀지 못하는데서 병을 얻기도 하고, 만들어지기도 하며, 키워간다고들 한다. 나 역시도 예외는 아니었다.

원하는 소망을 이루기 위한 갈망에서도 그렇고, 사람들 관계에서 오는 스트레스가 그렇다. 어느 날 나에게도 불행이 찾아들었다.

눈언저리가 따끔따끔함을 느꼈다. 그러나 그러다 말겠지 생각하며 무시해 버렸다.

그런데 웬일입니까. 이틀 후 입가에 작은 물집이 생기더니 다음날부터는 연거펴 또 다른 물집이 생겼음에도 불구하고 그날도

"별일은 아니겠지."라는 마음으로 또 무시했다.

그런데 문제는 그것으로 끝나는 것이 아니고, 그 다음날 아침이었다.

눈이 붓고 입가에 줄줄이 생겨나는 물집에 놀라지 않을 수 없었다.

아차, 이것은 아니구나 생각하며 병원을 찾았지만, 설상가상 병원에서도 이유를 알지 못했다.

그래도, 설마 "괜찮겠지." 나에게 무슨 일이 있을라고, 위로하며 격려했던 설마가

화근이 되어 문제는 심각하게 전개 되었다.

다음날 다른 병원을 찾았더니 "대상포진" 이라고 했다.

의사는 "대상포진"에 대해서 설명한다. 모든 병이 다 그러하겠지만,

특히, 이병명은 심하면 부위에 따라 장애가 오기도 하고, 사망에 이르기도 한다고.

봄철에 찾아드는 알레르기나 피부병이겠지? 라고 생각했던 나의 생각은 여지없이 산산조각이 났다. 평소 사소하게 생각했던 것들이 엄청난 사건을 불러온 것이다.

그 말을 듣는 순간 깨닫는 기회가 되었다. 옛말에 "건강을 잃으면 다 잃는다고 했다." 그렇다. 사람에게 있어서 첫째의 조건이 건강이다. 때문에 건강은 재산이다.

건강해야 희망을 품고, 좋은 생각으로 삶을 도전하며, 더 좋은 것들을 이루어 낼 수 있기 때문이다.

그러나 불행 중 다행이라는 속담이 또 있지 않던가? 늦게나마 병명을 제대로 알게 되었고, 치료할 수 있는 상황이었으니 감사할 따름이었다. 인생의 삶에 대해서 깊이 생각하게 되는 기회를 갖게 되었다. 모든

생명은 소중하다.

내 생명이 소중하니 모든 생명은 다 소중한 것이다. 모든 사람들은 처음부터 장애우가 아니었다. 살아가면서 불우의 사고로, 또는 여러 모양으로 생겨난 사건들로 그들은 장애를 갖게 되었고 불편하게 살아간다.

남은 생 나 자신을 위하여도 그렇고, 밝고 행복한 사회를 위하여,

마음을 내어주고 따뜻한 손길(봉사)로써 튼실한 삶의 지평을 열어가야 되리라 다짐해본다.

비어 있음을 위하여

누구나 가슴속에 한 자락의 꿈을 품고 살아가기 마련이다. 건강과 부귀, 출세 남보다 뛰어난 능력이나 외모 등 커다란 꿈부터 자그마한 것까지 사람마다 꿈의 내용은 다르겠지만 모두들 그 꿈을 이루기 위해서 노력한다

꿈이 있다는 것은 삶의 활력이다. 꿈과 성취를 위해 땀 흘리는 모습은 감동적이다. 하지만 그 방향이 뒤틀려 있다거나, 자신의 꿈 외에 다른 것은 개의치 않는다거나, 자신의 욕망을 위해서라면 할 수 있다는 정도에 이르면 위험하다. 꿈을 이루기 위해 정신없이 치닫다 보면 우리 자신이 그것의 노예가 되는 경우도 있는 것이다.

현대사회는 빈틈없이 짜여진 일정 아래 일사불란하게 움직이고 있어 그 안에서는 신속하고 정확하게 일하는 자들이 유능한 인물로 평가된다.

아름답게 보이다가도 무서울 때가 있다.

무리지어 질주한 그들 뒤에 드문드문 처지고 있는 한두 사람들의 모습이 하나의 영상으로 떠오른다.

처음에는 나도 무리 속에 끼어 있었지만 조금씩 속도가 느려지면서 여전한 기세로 달려가는 선두그룹을 망연히 쳐다보고 있는 장면, 주어진 일과 다람쥐 쳇바퀴 도는 것 같다고 느껴질 때면 떠오르는 그림이다. 이럴 때 잠시 일손을 놓고 한발 뒤로 물러서 보면 주변의 모든 사람들이 맞물린 톱니바퀴들처럼 쉴 새 없이 돌아가는 것 같아 현기증이 나기도 한다.

불과 몇 초 전까지 나도 그 무리 속에 있었건만 한 덩이로 엉켜 돌아가고 있는 그들 속으로 다시 선뜻 발을 넣고 싶지 않아진다.

잠시라도 그곳에서 벗어났으면 하는 충동이 비죽이 고개를 내미는 것이다.

남보다 뛰어나고 앞선 삶을 누리기 위해서는 부지런해야 하고 성실하게 끊임없이 노력해야 한다. 적당히 살아서는 안 되고 목표를 향해 정진해야 하며 계획을 세워 꾸준히 실천해야 한다. 살아가면서 지켜야 할 규범으로 여기며 실행하고자 애썼던 이 항목들이 갑자기 독재국가의 강령처럼 다가오면서 내가 자율적으로 사는 것이 아니라 이들에 묶여 사는 게 아닌가 하는 의구심이 들 때가 많다. 좀 더 나은 삶을 위해 이 목표들을 세운 것이지만 어느 순간부터 나를 위해서가 아니라 이 목표를 위해 뛰고 있는 것만 같을 때, 주종의 관계가 뒤바뀐 사실조차 의식하지 못하고 허겁지겁 그 뒤를 좇고 있는 내 모습을 깨닫게 된다.

그럴 때면 그동안의 내 꿈과 내 목표에 대해 생각하는 시간을 가져 본다. 그러면 내 꿈이 어느 지점에선가부터 오염되어 있었음을 발견하게 된다.

나의 욕구만 성취된다면 다른 사람들은 상관없다는 탐욕이 한구석에 도사리고 있었고, 자녀들을 위한다는 명분 아래 내 욕심대로 아이들을 길러왔다는 것이 보이는 것이다. 꿈이 도덕성을 잃고 심연처럼 끝없이 흡입하기만 하는 게걸스러운 욕망으로 변했던 것이다. 떡 벌린 입안으로 한없이 빨아들이기만 하는 검은 구멍처럼 주변을 보니 어디에나 무수한 욕망들이 널려 있다. 자신의 욕망을 채우기 위해 타인의 욕망은 무시하고 한 번 채워진 욕망은 허기진 짐승처럼 또다시 새로운 것을 갈망하고 있다.

이른바 교양 있는 무리들은 자신의 욕망을 채운다고 말하지 않고 자식을 위해서, 사회를 위해서 등등의 명분을 만들어 놓기도 한다.

이처럼 끝없이 채워지기를 원하는 욕망들은 어느 시인이 말했듯이 '막힘'의 결과를 초래한다. 받아들이기만 하고 밖으로 내놓지 않다 보니 '차가 막히고 사람이 막히고 숨이 막히고 하수구가 막힌다' 그리고 쓰레기가 넘쳐난다.

이 막힘의 공간이 도시라면 막히지 않아 순조롭게 순환되는 자연은 우리 숨통을 틔워주는 공간이다. 아무 욕망 없이 있는 그대로 텅 비어 있는 자연, 요즘 부쩍 자연 풍광이 그리운 까닭이 이 막힘에 질식할 것 같아서가 아닌가 싶다. 하지만 도시를 벗어나고 싶은 것은 마음뿐 매일의 생활에서 빠져나갈 수 없을 때, 잠시 상상의 나래를 편다.

> 푸르름이 가득한 이 여름 숲에서 솔솔 부는 바람에 몸을 맡기고 마음 내키는 대로 눕기도 하며 매미울음 소리를 듣노라면 푸른 바람결이 텅 빈 마음을 더더욱 푸름으로 바꾸어주려니 싶다.

그러나 현대의 삶에서는 불가능한 정취이다. 이러한 것을 상상

속에서나마 누리고 다시 현실로 돌아오는 것이 사탕 놓아두고 돌아서는 어린아이 마음 같지만 잠시라도 마음이 여유로워짐을 느낀다. 며칠간 나를 옥죄며 고민케 했던 문제들, 뜻대로 되지 않아 속상했던 것들에 대해서 여유가 생기는 것이다.

아이들의 교육 문제도 자연스럽게 내버려두는 게 좋으리라는 느긋함이 생기면서 모름지기 조화의 기미를 알고 멈춤으로써 조화와 맞서 권한을 다투려 하지 말고 조화의 권한은 조화에게 돌려주고… 물외物外의 한가로움에 몸을 맡겨야 되리라고 생각한다.

누가 알아주기를 기대하지 않는다

주말 먼 거리 여행에서 돌아오는 길에 폭우로 하루아침에 모든 것을 다 잃은 수재민과 고립된 관광객의 뉴스를 들었다. 돌아오는 국도에서 조심스레 창밖을 보니 갑자기 돌덩어리들이 떨어지면 길이 곧 끊겨 버릴 것 같은 노파심이 들 정도로 한쪽 길이 무너지는 것이 아닌가. 방금 건넌 작은 다리는 이제 곧 물길에 잠길 듯이 물이 차오르고 있었지만 찻길 바로 옆에는 공무수행이라는 차가 받혀져 있고 보수하느라 비옷도 입지 못하고 일하는 바쁜 손길들이다. 그들의 작업하는 모습을 보니 긴장되어 안쓰러웠다.

물길이 차오르는 것을 보면 조마조마한 모습을 보니 소름이 끼쳤다.

눈을 감았다. 불현듯 그 옛날 어머니께로부터 들었던 이야기가 생각난다.

옛날 마음씨 착한 부자에게 두 하인이 있었다. 오랫동안 충성한 두 하인을 자유의 몸으로 풀어주기로 했다. 그 하루 전날, 두 하인에게 마지막으로 새끼줄을 꼬라고 했다. 한 명은 마지막까지 일을 시킨다고 투덜대며 허술하게 꼬았다. 그렇게 만든 새끼줄은 꽤 굵었다. 하지만 다른 한 명은 평소와 다름없는 마음으로 밤새 정성껏 가늘고 길고 튼튼하게 꼬아 내었다. 다음날 아침 주인이 말했다. “이제 너희는 자유의 몸이다.” 애써 일한 대가로 어제 꼬았던 각자의 새끼줄에 여기 있는 엽전을 능력만큼이나 끼워서 떠나거라.

이 이야기의 결과는 뻔하지 않은가. 끝까지 자신의 일에 최선을 다했던 한 명은 그 많은 엽전을 다 꿰어 갔지만, 불만과 게으름으로 가득 찼던 한 명은 엽전 한 잎도 챙기지 못했다. 그렇게 언제 올지 모르는 보답의 기회들이 우리의 삶에는 널려 있다.

그런데 자신의 신분이 노출될 염려가 없을 때 함부로 행동하는 사람들이 종종 있다.

며칠 전 신호에 걸려 멈춰 서 있는 앞차가 담배연기를 창밖으로 뿜어내더니 기어이 담배공초를 던졌다. 나도 모르게 화가 났고 경적을 울렸다. 정신을 차리리는 신호였음에도 아는지 모르는지 다른 쪽으로 방향을 돌려 달아나는 것이 아닌가.

방송에서 실시간으로 수재민에 대한 보도가 나오고 있다. 이 안타까운 보도에 수재의 연금을 내는 많은 부류의 사람들로 신문이 도배된다. 유명하신 분들과 돈많은 사람들은 뭉칫돈을 내놓고 이름 석 자를 내거는가 하면 코흘리게 어린이들도 이래저래 쓰지 않고 모은 돈을 내는 모습을 보게 된다. 어쨌든 어려운 일에 마음을 함께하는 모습에 감동을 받지 않을 수 없다. 나의 일이 아니지만 감사한 마음이다. 나도 마음 같아선 온 가족이 수재민현장에 가서 수재민들을 여러모로 돕고 싶은 마음이 간절하다. 하지만, 마음으로만 그치는 마음 저편에서 미안함으로 남는다. 모든 일들에 있어서 누가 알든 알아주지 않든

최선을 다하는 것이 우리 모두의 소임이지는 않을까.

이 시간도 먼 곳을 응시할 이재민의 가정을 위한 국민들의 소리없는 기도가 있고 그들의 아픔에 공감한 모든 사람들의 사랑과 협력에 우리의 여름은 더 이상 덥지 않을 것이다. 이렇게 남에게 드러나 보이지 않는 사랑과 관심들이 모아져 물 만난 빨간색 물감이 서서히 녹아 하트라는 그림으로 탄생될 것이다.

푸른 5월

중, 고등학교 시절에 대부분이 종교를 가졌거나 종교가 없을지 라도 성프란치스코「평화를 구하는 기도」를 음미해보거나 좋아하지 않은 사람이 없으리라고 생각한다.

나 역시 이 詩가 좋아서 책상 위에 붙여 놓고 몇 번이고 읽고 또 읽다 보니 저절로 외우게 되었던 걸로 생각된다. 특별히

주여
나를 당신 평화의 도구가 되게 하소서
미움이 있는 곳에 사랑을
다툼이 있는 곳에 용서를
분열이 있는 곳에 일치를
오류가 있는 곳에 진리를
의혹이 있는 곳에 믿음을
절망이 있는 곳에 희망을
어둠이 있는 곳에 광명을

슬픔이 있는 곳에 기쁨을 심게 하소서

이 시는 내가 지금에 와서 생각해보니 「고린도전서」 13장의 글과 너무도 비슷한 일맥상통한 글이지 않나 싶다. 하지만 「고린도전서」 는 이렇게 시작된다.

"내가 사랑의 방언과 천사의 말을 할지라도 사랑이 없으면

소리 나는 구리와 울리는 꽹과리가 되고." 라고 시작되었고

4절부터는

사랑은 오래 참고,

사랑은 온유하며 시기하지 아니하고,

사랑은 자랑하지 아니하며,

교만하지 아니하고 무례히 행치 아니하며

자기의 유익을 구하지 아니하며,

성내지 아니하며 악한 것을 생각지 아니하며,

라고 표기되어 있다. 13절에는 그런즉 믿음, 소망, 사랑 이 세 가지는 항상 있을 것인데 그중에 제일은 사랑이라

목사님의 설교 말씀처럼 우리 인생의 삶에서 가정과 교회 공동체와 사회 공동체 국가와 세계가 있을진대 가정의 평화와 행복을 늘 먼저로 손꼽는 이유는 우리의 몸을 담을 수 있는 그릇이기 때문이라고 한다. 다음으로 교회의 천국을 말씀하시면서 예화로 우리 몸은 각각인 듯하지만 다 하나의 지체로 되어 있다고 하는 이유가 여기에 있다.

일부 눈이 자기만 본다고 억울하지 아니하며, 귀가 혼자만 듣고 입보고 혼자만 먹는다고 불평하지 아니하며, 듣고 보기 때문에 입으로 말하는 것을 인정하는 이유가 되기에 몸은 각기 하는 일이 다르지만 한지체임을 늘 말씀하신다.

그러기에 아버지가 혼자 일한다고 불평하지 아니하며 어머니가 왜 나만 이렇게 일해야 하냐고 불평하거나 말하지 말아야 될 것은 자녀들이 우리 삶에 기업이며 우리를 통해서 하나님은 일하시기에 낮아져 겸손히 세상을 향해서 빛과 소금의 역할을 감당해야 함을 말씀하신 까닭이리라. 1년 중 5월 한 달을 보면 빼곡히 까만 글씨보다 빨간색의 글씨로 표기되어 있는 부분이 적지 않다. 그만큼 중요한 날이 많다는 뜻일 것이다.

어린이날, 어버이날, 부부의날 스승의날 등 5월은 참으로 가정의 소중함과 더불어 사회적으로 소중함을 일깨워주는 귀중한 달이다. 1년 12달 동안 가정의 달이라는 생각으로 가족의 귀중함을 알아야 할 것이며 내가 소중한 만큼 상대방도 소중하다는 것을 인정해야 할 것이다.

5월 가정의 달을 맞이해서 '이웃을 내 몸같이 사랑하라' 말씀하신 정말 소중한 뜻이 무엇인가를 알아야 한다. 「고린도 후서」 13장 14절의 말씀처럼 믿음, 소망, 사랑 중 그중에 제일은 사랑이라는 말을 마음에 되새기며 가정의 달 5월을 사랑의 달이라 생각하며 가족은 물론 더 나아가서 이웃과 국가를 사랑하며 살아야 할 것이다.

하모니

요즘은 명절이라는 테마가 예전처럼 들뜨거나 설렘과 기다림을 가져다 주지 않는다. 이유는 그 기간을 해외여행의 기회로 삼거나 모두가 바쁘다는 핑계를 앞세우면서 잠깐 얼굴을 보이고 흩어지는 일이 다반사기 때문이다. 어린 시절처럼 명절에 대한 기대감이나 그리운 추억을 만들거나 찾아보기가 어려운 시대가 된 듯 하다.

설날이지만 딱히 할일도 없었는데 조카는 영화를 본다고 채널을 돌리기 시작했다. 무대의 배경은 어둠과 답답함과 우울함이 곁든 교도소였다. 교도소는 일반 건물보다 훨씬 높은 담벼락으로 되어 있기 때문에 편견의 눈으로 바라보며 베일에 쌓인 곳이라고 생각할 수도 있다. 영화 「하모니」는 교도소 안에서 합창이라는 음악을 통해 아름다운 하모니를 만들어가는 내용이다. 영화는 남편의 폭력으로부터 뱃속의 아이를 지키기 위해 살인을 저지르고 교도소에 수감되어 아이를 낳은 주인공 정혜의 이야기로 전개된다. 엄마라는 위치 이전에 죄수의 몸이기에 한없이 함께 있을 수 없어서 입양을 보내게 되고 아들 민우와의 특박을 기대하며 시작한 합창인데 그런 간절함을 아는 사람들이 하나둘씩 모여 합창에 대한 매력을 키워가기 시작한다.

그렇게 시작한 사람들의 사연은 구구절절하다. 자신을 성폭행한 아버지를 죽인 사람, 불륜을 저지른 남편과 그 제자를 차로 치어 죽인 사형수, 전직 프로레슬러 출신의 로맨티스트, 각자의 죄가 아닌 것 같아 너무 가슴 아프게 한 그들의 사연들, 그저 그렇게 시간이나 보내다가 출소하면 되는 것을 별나게 사는 사람들이 모여 소리를 만들어 가기 시작한다

왜, 그녀들이 그렇게 합창에 목을 매어야 하는가? 스스로의 힘으로 뭔가 할 수 있는 일이 합창임을 뼈저리게 느끼면서 가족들에게 보여줄 수 있는 기회를 얻게 되었기 때문이다. 단 하루의 만남을 위해 4년 동안 노래를 부르기 시작하는 것이다. 이 영화는 교도소라는 이미지와는 걸맞지만 영화를 보노라면 「하모니」라는 제목이 딱 들어맞는다는 느낌을 갖게 된다. 얼마 전 티브이 오락 프로그램 「남자의 자격」을 본 적이 있다. 전혀 어울릴 것 같지 않은 사람들이 모여 합창대회에 참가하는 과정을 소개하는 내용이었다. 합창이라는 음악 장르는 사람들에게 긍적적으로 다가서는 큰 디딤돌의 역할을 감당해내게 된다.

이처럼 처음부터 그들은 그렇게 어울리는 목소리로는 세상에 존재하지 않치만 서로가 모여서 마음을 다하여 각자의 소리를 줄여서 아름다운 하나의 소리를 만들어 내는 것이다. 정확하게 말하면 나만의 소리를 내는 것이 아니라 다른 사람들의 소리에 나의 소리도 함께 조화를 이루는 것이 합창의 묘미다. 지금 그들에게 가장 필요한 것은 세상에 살면서 그들이 다른 사람의 소리를 듣지 못하고 이해하지 못했던 것에 대한 인생의 가장 소중함을 배워가는 것이리라.

때문에 영화는 마음을 따뜻하게 데워주는 난로의 역할을 한다.

차가운 바닥, 그리고 어두운 공간이라는 인식에도 아랑곳하지 않고 가족의 사랑 사람과 사람 사이의 정을 이어주는 사랑이 짙게 밴 영화다.

틀림과 다름이라는 말이 있다. 우리는 우리 자신의 잣대로 그들을 틀렸다고 쉽게 말해 버릴 수도 있다. 남녀관계에 있어서도 연인 시절엔 다름을 인정하면서도 서로를 깊이 배려하던 사람들이 결혼을 하고 시간이 지나면 여자가 혹은 남자가 다름이 아니라 "당신이 틀렸다."고 쉽게 말해버린다. 그러나 신비하게도 다름을 인정하는 것은 서로 다르게 둘이 되어 있는 것이 아니라 오히려 하나됨의 원리를 발견하게 되는 것이다.

'합창'과 '교도소' 전혀 어울릴 것 같지 않다는 편견이 깨어짐을 보게 된다. 하모니는 여러 사람의 소리가 하나가 되는 것이다.

그것은 틀림이 아니라 다름을 인정해 주는 것으로부터 그들의 마음과 소리가 모아지고 그렇게 모아지는 소리는 담장 밖의 세상을 진한 감동으로 만들었다.

그림으로 만난 화가 이중섭

텐무가 지나간 뒤라서인지 푸르기만한 바다도, 초록빛 자연 모두도 한창 햇살에 졸고 있었다. 우리 부부는 팔월의 작열하는 태양을 맞서 전쟁터라도 나서는 병사처럼 서귀포시에 자리한 이중섭의 화랑으로 발을 내디뎠다.

평안남도 평원군 출생 부농의 집안에서 태어난 그는 오산학교에 다닐 때부터 스케치와 데생(소묘)에 남달리 열중했었다. 동경유학 시절에도 회화의 기본인 선의 표현력과 그 조형적 비중을 가장 중요시하면서 누구보다도 철저하게 그것을 탐구하는 묵묵한 자세를 보였다고 한다. 문화학원을 졸업하면서 처음 자유미전에 출품한 2점의 작품 중 하나가 연필 데생의 불상그림이었다는 사실과 그의 짧은 생애의 모든 작품들이 놀랍도록 힘차고, 아름다울 뿐만 아니라, 생명력이 넘치고 창조적이며 선을 기반으로 하고 있다는 사실은 그가 얼마나 철저하게 데생 훈련을 쌓았는가를 말해 주기도 한다.

선의 무한한 변화와 표현은 직선과 곡선의 만남 더불어 조형적이며 그러한 선의 완벽한 파악과 통어로써 그의 독특한 회화를 창출하고 있는 셈이다. 그의 선들은 자연의 재현을 위한 방편이 아니라, 그것 자체를 통해 강한 생명력을 갖는 표현성과 상징성을 갖게 하는데 엄격히 규제함으로써 반사실의 정신적 표현주의를 택했다는 것이다. 색채 표현에 있어서도 그러했다. 그는 서구에서 세기 초의 미술혁명인 야수파, 입체파, 추상파 미학에서 영향을 받았음이 분명하고, 실제로 미술학교를 졸업하던 무렵 여러 시작화고試作畫稿 속에 그린 여러 경향에 관심을 나타낸 것들이 확인돼 있다. 또한 뒷날의 은지화를 포함한 놀라운 표현력의 선화들 가운데엔 피카소를 연상시키기도 한다.

그럼에도 그는 궁극적으로는 서구의 어떤 경향에도 완전히 빠지지 않았다는 데 의미를 두고 싶다는 생각이다. 그는 6·25를 전후해 둘로 나뉘어지는 삶을 살았다. 유복하게 성장했던 젊은 시절과 월남 이후 겪어야 했던 일련의 비극적인 삶 때문에 그가 '비운의 화가'로 불린 것은 6·25부터 40세 나이로 요절할 때까지의 6년 동안이다. 일본으로 유학을 떠나 각광받던 이중섭 화가가 고국으로 돌아온 것은 10년 만인 1945년이었다. 그는 곧 그를 쫓아온 '야마모토 마사코'(남덕)와 결혼하고 함남 원산에 둥지를 틀었다. 짧았지만 행복했던 순간이었다. 조국의 분단은 그에게 씻을 수 없는 상처를 주었다. 사업가였던 형이 처형당함과 동시에 소련 평론가들이 그를 "인민의 적"으로 공격하자 1950년 12월 가족과 함께 원산을 떠나 고행 길을 시작했다.

부산을 거쳐 제주에 머문 그는 대표작 「황소」와 바다를 소재로 한 작품을 그리며 모처럼의 즐거운 나날을 보냈다. 그러나 그것도 잠시뿐, 궁핍한 생활을 견디다 못한 아내가 두 아들을 데리고 1952년 7월 일본으로 떠나면서 그의 삶은 송두리째 흔들렸다. 홀로된 그는 고독을

곱씹으며 방랑으로 일관했지만 틈만 나면 붓을 잡았다. 대폿집에서도 그림을 그렸고, 부두에서도 짐을 부리다 짬이 나면 그는 그림을 그렸다. 종이가 없으면 담뱃갑 은박지 종이에도 그렸다.

'소를 사랑한 화가' 그는 유독 소를 많이 그렸다. 그가 소를 그린 이유는 단순한 토속성 이상의 의미를 갖는 것이다. 그는 가난에 허덕였고, 1954년 그가 죽기 2년 전에 그려져 현재 홍익대박물관에 소장 중인 대표작 「흰 소」. 회색조의 배경에 검고 흰 붓질로 된 독특한 작품이다. 검은빛과 흰빛이 어우러진 거칠고 굵은 붓질은 거의 울분에 가깝다. 마치 고흐의 「별이 빛나는 밤에」 나 추사 김정희의 추사체와 흡사하며 자신의 내면을 그린 그림이라는 설이 전해지기도 한다.

'아이를 사랑한 화가' 소보다 더 애착을 느끼게 하는 것이 아이들이다. 담배를 싸는 종이에 그린 「은지화」 에 나타난 아이들은 1946년에 태어나자마자 죽은 첫째 아들을 그린 것으로 생각하는 사람들이 많지만 그는 원래 아이들을 사랑했다. 초창기부터 그의 그림엔 아이들이 등장했고 「봄의 어린이」 도 그중 하나다. 담배를 싸는 종이에 입혀진 금속막을 긁어 새기고 연필선으로 메운 것은 상감기법이나 화강암에 새긴 선묘와 연결지을 수 있으며 구체적으로 민화나 분청사기에 실현된 여러 가지 기법을 종합하여 응용한 그림이기도 하다. 이것은 종이에 유채로 그려졌으며 아이들이 벌거벗은 채로 유쾌하게 뛰노는 동작들을 담고 있는 그림이기도 하다.

「가족과 비들기」 가족을 그린 그림들에서 느껴지는 공통점은 경쾌함이다 가족이란 화기애애함이 넘치는 인간관계임을 강조한 것이라 여겨진다. 특히 이 그림은 재빨리 완성해 이런 느낌이 더더욱 강조되었고,

그림에도 등장인물의 개별 특징이 또렷한 것이 큰 특징이며, 혼란의 시기를 살던 화가는 앞서 말한 작품들 외에도 수없이 많은 명작을 남겼다. 1954년작 「달과 까마귀」는 휘황한 보름달이 뜬 푸른 하늘을 배경으로 친구를 찾아 모여드는 까마귀를 그린 그림이며 진한 먹으로 툭툭 쳐내듯 표현된 까마귀들이 인상적이다. 이 그림은 당시 화가의 절망과 외로움, 고독이 간접적으로 그려진 작품들이며 이 밖에도 화가의 습작성과 마음을 알 수 있는 작품들도 다수에 달한다.

또한 1951년 일본으로 떠난 아내와 두 아들을 그리워하며 수채화와 펜으로 그린 그림엽서(편지)에는 순진무구한 존재의 상징인 어린들을 주제로 사랑과 삶의 사연들이 동심처럼 진득하게 묻어 나온다. 반면 자신이 살아야 했던 혼탁한 현실에서 판치던 변절과 거짓을 극복하고자 하는 갈망의 표현도 깃들어 있다.

그는 한 해 동안 무려 90점가량을 아내와 자식들에게 그려 보냈다고 한다.

그러나 이 시기 거의 매일 계속되는 과음과 무절제한 생활은 결국 그의 몸과 마음을 망가뜨렸으며 1956년 9월 그는 마침내 서대문 적십자병원에서 고달픈 생애를 접었다. 시신은 무연고자로 3일간 방치됐고, 침대에는 밀린 18만 원의 입원비 계산서만 덩그러니 놓여 있었으며 지인들이 수습한 뼛가루의 반은 부인이 있는 일본으로 보냈고, 나머지 반은 망우리 묘지에 묻었다.

천재화가인 그를 기리기 위해 피난 당시 거주했던 초가 일대를 이중섭 거리로 명명하였으며 이어 1997년 4월 그가 살던 집과 부속건물을 복원해 그의 거주지와 그의 호인 대향大鄕을 따서 대향전시실을 꾸미는 한편, 매년

10월 말 그의 사망 주기에 맞추어 이중섭 예술제를 개최하고 있다.

비록 그는 짧은 40년의 삶을 고난과 고독 속에서 살다 갔지만, 그의 천재적인 작품은 영원히 남아 우리들의 영혼과 정신을 밝혀 줄 것이며 살아서 그리 행복하지 못했던 삶이었지만, 그는 살아생전 그가 지녔던 소망이 무엇이었는지, 그리고 창작의 원천이 어디에 있었는지를 생각하게 했다. 그가 살아 있는 동안 삶의 희망은 가족이었다는 것도, 죽어가는 순간까지 그는 보고 싶은 가족들의 곁을 미치도록 그리워하며 뼛속까지 사무치는 그리움에 몸서리치며 붓을 들었을 것이다.

그는, 우리들 곁을 떠났지만, 그의 명작과 명성은 밤하늘의 별들처럼 영원히 빛날 것이며 그림을 사랑하는 세상의 모든 사람들에겐 사랑과 동경이라는 진한 감동과 향기로 남아있게 될 것이다.

난, 외롭지 않다

포근한 눈이 소복소복 많이도 내렸다.

눈이 내리는 날은 공연히 포근한 이불 속이 더 그리워지기 마련이다.

그러나 눈이 내리는 날은 비교적 날씨가 포근한 것이 다반사다.

오늘 아침은 바람결이 매우 차갑게 볼을 스쳐간다.

자리를 털고 일어나기는 쉽지 않았지만, 소복이 쌓인 눈을 접하고 나니 일어나기 전과는 생각이 사뭇 다르고 미끄러운 눈길이지만 쌓인 눈이 싫지가 않다.

그뿐인가.

걸을 때마다 뽀드득 뽀드득 나는 소리는 살아온 세월의 흔적을 남기는 나만의 소리다. 걸으며 간간이 뒤돌아보는 나는 발자국은 다시 되찾을 수도 없고, 지금까지 온 길을 지울 수도 없는 체중이 고여 있는 그저 하나의 발자국으로 남아 있다.

어둠이 스치며 떠나는 새벽, 눈길을 걷는 즐거움도 있지만, 찬 기운이 불어와 오싹할 때는 옷깃을 여미며 추스르기도 한다.

그럴 때마다 뽀드득 소리를 내는 눈은 살아 있는 소리다.

새벽 혼자 걷는 길이지만 혼자 걷는 것이 아닌 착각을 느끼게 한다.

눈을 밟으며 걷다보니 어느 신실한 자의 이야기가 되살아난다.

어느 신실한 자가 깊은 산속에서 눈길을 걷다 길을 잃었다고 한다.

한참을 걷다 뒤돌아보니 두 줄기의 발자국이 깊게 나 있었다. 그는 행복했다. 하나는 자기 것이요 그중 하나는 동행해주시는 예수님의 발자국임을 믿었기 때문에 용기가 나서이다.

앞산 눈 덮인 언덕길을 힘든 줄도 모르고 단숨에 올랐다. 그리고 그는 경쾌한 마음으로 땀을 씻으며 뒤 돌아보았다.

그러나 언덕길 위에는 단 한 줄기 발자국뿐이었다.

친구 되신 예수님께서 자기 손을 놓고 혼자 걷게 한 것이라 생각한 신실한 자는 순간 친구 되신 예수님을 야속해하고 원망하며 더 고독해 하고 슬퍼하고 있을 때 음성이 들려왔다.

"신실한 자야~~그 하나의 발자국은 네가 힘겨워할 때 내가 너를 안고 간 내 발자국이다."라고 얼마나 놀라운 일인가?

신실한 자와 함께한 주님이 곧 나의 주님이기 때문이다.

인생의 삶 언제나 크고 작은 일까지도 일일이 만져주고 보살펴주 고 동행해 주시는 주님이 계시기에 난 외롭지 않다.

뽀드득 소리의 눈길은 즐거움의 소리요, 나와 함께 동행하는 주님의 발자국 소리인지도 모른다.

내가 좋아하는 여성

졸음을 퇴치할 생각으로 커피 한 잔을 들고 창쪽으로 다가서 창밖의 풍경에 몰입한다. 많은 사람들이 있지만 인도 위에 젊은 여성 둘이서 걸어오고 있는 모습이 선명하다. 한 여성은 계속 이야기를 하면서 이마로 흘러내리는 머리를 쓸어올리며 연신 말을 하기에 여념이 없고, 또 한 여성은 미소를 머금고 열심히 이야기를 듣는 모습이다.

현대여성들은 말하기를 좋아한다고 한다. 물론 여성들뿐만이 아니겠지만, 그러니까 스스로 똑똑하고 총명하다는 것을 드러내는 셈이다. 내가 아는 한 여성도 말하기를 좋아한다. 그가 들려주는 이야기는 마치 자기만 모든 것을 아는 양 한다. 그러나 난 그에게서 별 매력을 느끼지 못한다.

그 이유는 한동안 맞장구를 쳐주다 보면 내쪽에서 부쩍 피곤해지기까지 하기 때문이다. 하지만 장점도 있다. 내가 말하지 않아도 되기 때문이다.

나는 혁명가적 기질을 가진 정열적인 여성보다, 마음이 조금은 약한 듯 섬세한 여성이 더 좋다. 이런 여성은 마음이 여려서 자기 실속을 위하여 남의 어려움을 외면하지 못하기도 하고, 동정심을 보일 때도 동정받는 이의 기분이 다칠까 염려할 줄 아는 여성이다. 이런 여성은 작고도 별것 아닌 인연이라도 아끼고 사랑하는 여성인 것 같아 괜히 좋아진다.

나는 수줍음 타는 여성을 좋아한다. 그녀는 대체로 마음이 여리고 섬세하기 때문이다. 개인적으로 만나면 수줍어하기도 해서 말을 더듬기도 하지만 대중앞에 나서야 할 때는 자신감 있게 행동할 줄 알기 때문이다 그러다가 잘 모르는 내용의 질문을 받으며 솔직히 자신도 잘 모른다고 말할 줄 알 것이기 때문이다

재클린 케네디란 여성의 매력도 개인적인 만남에선 수줍고 겸손하지만 대중 앞에서는 자신감 있게 말하고 행동한다고 들었다. 그녀의 계부繼父가 그녀에게 그런 식으로 가르쳤다고 한다. 나는 겁쟁이 여성을 좋아하지 않지만 조금은 겁이 있는 여성을 좋아한다. 겁이 너무 많으면 진정한 용기가 없어 자칫 비열하고 비굴하기 쉽다. 너무 겁 없는 여성 또한 당돌함이 지나쳐 뻔뻔스런 느낌을 줄 수도 있다.

내가 잘못 본 탓인지 현대 여성은 너무도 자신감에 넘쳐 있고 겁 없이 말하고 행동하는 듯 느껴질 때가 있다. 그러나 조금은 겁이 있는 여성은 그 마음이 여린 데가 있을 뿐만 아니라 뻔뻔스러움과 참된 용기를 구별할 줄 안다. 따라서 생각이 깊고 폭이 넓어서 남의 아픔을 외면하지 않고 베푸는 데 인색하지 않다.

이런 여성은 비록 작은 것으로 마음을 표현해도 아련한 애수와 그리움을 남겨 주는 여성이다. 그녀를 만나면 웬지 마음이 가라앉고 진실해지고 누구에 대한 증오의 마음이 사라져 밑져주고 당해 줄

아량도 여유도 생기는 듯하다. 그래서 그녀에겐 속마음도 보여주게 되고 헤어지고 나서도 자기 행동이 경솔했다고 느껴지지 않는다.

나는 유머 감각이 뛰어난 여성을 좋아한다. 반짝이는 몇 마디로 함께 있는 이들에게 풋풋하고 신선한 웃음을 선사하는 그녀는 헤어진 뒤에도 이따금 만나고 싶어지게 만드는 매력을 지녔다. 그녀와 함께 차를 마시고 싶고 그녀의 신선한 감성과 기질을 충전 받고 싶다. 웬지 마음을 상쾌하게 만드는 남다른 재주를 지닌 여성이다.

또한 나는 옛것을 사랑하는 여성이 좋다. 옛날 사람들의 삶의 때가 무늬진 옛 물건 가게를 둘러보면서 무료하고 따분한 시간도 즐겁게 보내는 여성을 좋아한다. 그녀의 생각은 웬지 깊고도 그윽하고 그녀의 행동은 어쩐지 무게있고 신중한 듯 보인다. 옛것을 사랑하는 그녀는 지난날의 인연을 아낄 줄 아는 여성이라는 생각이 들기 때문이다. 잔잔한 우정이나 눈이 아린 슬픔 작고 가벼웠던 일들까지도 의미있게 추억할 줄 아는 여성을 나는 좋아한다. 과거란 언제나 돌아갈 수 있고 돌아가서 추억하며, 지난날을 다시 느껴볼 수 있기 때문에 가치로운 것이다. 그래서 감성을 풍요롭게 따스하게 할 수 있고 갈수록 마알갛게 찌꺼기는 가라앉고 그 위에 맑게 우러나는 감성의 깊이로서 그윽한 인품을 풍기도록 해준다.

그리하여 평범하나 진솔한 우리 삶의 일상사도 소중하게 아낄 줄 알게 될 것이기 때문이다. 이런 여성은 지난날의 상처마다 진주라는 보석을 키워 갈 줄 아는 여성일 게다. 이런 여성은 안목이 깊고 넓어서 작은 이익에 연연하지 않으며 그 어떤 역사든지 현재와 미래의 거울이 되는 줄 알 것이다.

나는 또 어느 정도는 자기 식으로 사는 여성을 좋아한다. 굳이 말한다면 개성적인 여성 약간의 성격이 뚜렷한 여성이라고 할 수 있으리라.

남의 판단을 무시하지 않으며 남사는 방식을 경멸도 비난도 하지 않으나 자기 생각을 중심으로 살되 자기를 많이 잃지 않는 여성, 예컨대 결혼을 했다하여도 자기가 하고 싶은 일을 소홀히 여기지 않는 여성일 것이다. 굳이 결혼을 했을지라도 관습에 얽매이지 않고, 독신으로 살되 가치 없게 여기지 않는 삶의 여성일 것이다. 독신과 결혼은 전적인 개인의 자유에 달린 것임을 인정하고 그 어느 쪽만을 두둔하지 않는 여성을 나는 좋아한다.

이런 여성은 결혼이란 상대를 소유하는 것이 아니라 더불어 서로의 잠재력을 발전시켜주고 그런 잠재력을 능력으로 키워줄 수 있을 것이기 때문이다.

이런 여성은 사랑의 교환능력을 지닌 여성일게다 사랑하는 방법과 사랑받는 방법에서 약간은 서툴기는 하겠지만 살아가면서 함께 세련되려고 애쓸 것이기 때문이다.

자기 식으로 사는 여성은 자기 식만이 유일하고 최선인 삶의 방식이라는 독선자는 아니다. 사람은 저마다 자기 식으로 살고 있으며 자기 식으로 산다하여 배타적이거나 남에게 혐오감이 들게 하거나 피해가 되게 하진 않을 것이다. 그래서 이런 여성은 진정한 용기를 지닌 여성이다. 나는 사려 깊은 여성을 좋아한다. 사려 깊은 여성은 진솔하고 겸손한 여성이다. 가진 것이 많아도 뽐내지 않고, 많은 것을 가졌지만 내색하려 들지 않고 자기 감정이 진솔하고 소중하듯 타인의 감정도 소중히 인정할 줄 안다. 따라서 타인의 감정을 다치게 할까 염려한 나머지 늘 겸손한 태도로 사려 깊게 행동하려고 애쓴다. 나는 자기주장을 펼 때 이런 식으로 말머리를 꺼내는 여성을 사려 깊은 여성이며 용기 있는 여성이라고 본다.

'내 생각으로는~~, 나의 의견으로는~~' 이렇게 말머리를 시작하는 여성은 자기 의견을 다 말할 용기를 지녔으되 자기만의 주장이 옳다는 독선에서 벗어날 수 있는 겸손한 여성이라고 본다.

'아니야. 그것은 내가 더 잘알아~~,그런 식으론 곤란하다고 생각해.'

이렇게 단정적으로 말하는 여성은 얼마나 독선적이고 경솔한 인상을 풍기는가?

나는 약간은 기분파 기질을 가진 여성을 좋아한다. 빈틈없이 완벽한 여성은 왠지 두렵다. 인간이 어찌 완벽할 수 있으랴. 돈이든 마음 씀씀이든 간에 아껴야 할 때 아낄 줄 알지만 필요한 상황에선 유쾌하고 시원스럽게 다소 헤플 줄도 아는 여성이 난 괜히 좋다. 언제나 여유 있고 느긋이 사는 여성이 좋다. 결혼도 빨리 하고 자녀도 빨리 낳아 출생신고도 위조하여 학교에도 빨리 입학시키는 여성은 빨리 돈벌어 집을 사야 하고 남편의 출세도 남보다 앞질러야 만족할 것이기 때문이다.

그러나 내가 좋아하는 이런 여성은 조금은 어리석게 사는 것 같아도 매일의 생활에서 잔재미를 찾으며 여유롭게 자기 식으로 자신있게, 배짱있게 사는 여성이다.

친구 따라 강남 가지 않으며 자기의 삶을 남과 비교하지 않고 자기 나름대로 가치를 부여하여 살 수 있는 여성을 훌륭한 여성이라고 생각한다.

그러자면 그녀는 안목이 깊고 판단력이 정확하며 자신과 타인을 객관적으로 볼 줄 알 것이며 남의 충고를 받아들이는 데 개방적이지 않을까?

아마도 그녀는 깊은 교양과 폭넓은 마음을 간직하고 있을 것이기에 내가 닮고 싶은 여성상이다. 오늘도 창밖 넘어로 얼핏얼핏 보여지는 사람들을 통해서 나는 누구인가? 나는 어떠한 사람인가? 를 생각하며 내가 좋아하는 여성상을 나의 자화상으로 그려본다.

지금하고 있는 일에 답이 있다

내게 가장 어울리는 색은 무엇일까. 독일의 요하네스 이텐 박사에 의하면 사람들마다 자신에게 가장 잘 어울리는 색이 있다고 한다. 그것을 봄, 여름, 가을, 겨울로 구분하여 자신에게 잘 맞는 색을 찾아달라며 그에게 많은 비용을 지불하는 사람들도 많다고 한다.

그렇다면, 나에게 맞는 색상들은 어떠한 것들이 있을까. 나에게 맞는 색들이 그렇게 많을 것 같지가 않다. 봄 컬러인 아이보리와 머스타스 올리브 그린도 어울리고, 여름 컬러인 파스텔톤 소라색, 가을 컬러인 브라운계열도 그리 나쁘지는 않은 것 같고, 겨울컬러인 원색 중 검정색은 단정한 듯도 하지만 몸을 작아 보이게 하는 효과도 있다.

내게 절대 어울리지 않는 컬러는 흰색을 포함한 원색들이다. 빨강, 흰색 등은 나를 너무 강하게 표현하여 내 마음을 전하지 못한다. 그래서 이렇게 결론 내린다. 내게 최적인 하나의 색을 찾기보다는 최악의 색만 피하자 그렇게 생각하고 나니 자유롭게 폭넓은 색을 즐길 수 있게 된다. 때때로는 강렬한 그 느낌으로 요하네스 이텐 박사에게 도전하고 싶을 때도 있다. 하지만 가장 잘 맞는 하나가 있는 것이 아니라, 가장 맞지 않는 몇 개가 있을 뿐이라고 난 그게 더 맞다고 믿기 때문이다.

세상에 내로라하는 이들은 말한다. 자신이 가장 좋아하는 일을 하라고 그래야 역량을 충분히 발휘하며 잘해낼 수 있다고. 그러니 그 일을 찾으라고 한다. 그렇다면 지금 우리 모두가 나에게 딱 맞는 최상의 일을 찾아 나선다면 과연 세상에 이로운 걸까. 그렇다면 세상은 맑고 깨끗하지 아니할 수도 있다. 청소부라는 직업이 있기 때문에 어두운 곳곳을 정리하고, 세탁하는 곳이 있기에 맑고 밝은 것이다. 이로운 것만이 언제나 최상이라고, 그것만이 최선이라고 생각한다면 세상은 어찌 될까.

나와 잘 어울리는 색이 여럿 있는 것처럼 세상 사람들에게 잘 맞는 일, 딱 하나뿐이라고 생각하지 않는다 단지 절대 하지 말아야 할 하나가 있다면 그건 엉뚱한 길에 들어서는 것이다. 세상에 나가 사람들과 함께하고 봉사하는 일이 적성에 맞는 사람이 답답한 사무실에 나가 돈 세는 일을 하고 있다면 하루빨리 그곳에서 벗 어나야 행복해질 것이다. 극단적인 것이 아니라면 지금 하는 일에서 내가 가장 잘할 수 있는 것을 발견할 수도 있다.

지금 자신이 하는 일을 깊게 들여다보라. 과연 내가 가치를 두고 능력을 발휘할 요소가 정녕 없을까. 그럴 리가 없다. 장담건대 세상의 어떤 일이고 그 안에서 다양한 가치가 있다 문제는 자신이 그 일 가운데 무엇을 보고 무엇을 하느냐에 달려 있다고 본다. 자신이 그은 한계에 자신을 맞추고는 이건 아니라고 철새처럼 떠돌아 다닌다면 그 방황은 쉽사리 멈출 수가 없다. 결국 그 철새들을 받아줄 둥지는 어디에서도 찾을 수 없다. 그들은 세상이 자신을 알아주지 않는다고 푸념만 늘어놓을 뿐이다.

우체부 프레드는 단지 푸른 유니폼과 커다란 가방 하나 메고 다니면서도 자신의 일이 우편물의 위치를 이동시키는 단순 노동이 아니라고 믿는다. 그는 고객이 오랫동안 집을 비우고 우편물이 쌓여 도둑들의 표적이 됨을 알았기에 그들의 우편물을 자신이 보관했다가 전해주었다. 그들에게 우편물을 건네는 것이 아니라 안부를 챙기고 그들을 기억함으로써 사람 사이의 '관계'를 만들 줄 알았고 자신의 일이 결코 단순 노동이 되지 않는 비결을 알았던 것이다. 보잘것없는 일상에서 위대한 가치를 발견한 그를 기념하기 위해 미국에서는 '프레스상'까지 만들어졌다. 어떤 고성능의 로봇도 흉내 낼 수 없는 사람과 사람의 만남으로 자신의 일에서 가치를 발견할 때 그 일은 내게 가장 잘 맞는 일이 될 수도 있다는 뜻이다.

간간이 티브이 프로에서 자신들이 하는 일을 공개하는 것을 보게 되는데, 그중 잊히지 않는 사람들 이야기가 생각난다.

"저는 사람들을 행복하게 만드는 일을 합니다. 사람들이 제 일을 하찮게 생각할지 모르지만, 제가 냉장고를 고치면 사람들은 시원한 음료수를 기분 좋게 마시고 신선한 요리를 먹게 됩니다. 제가 텔레비전을 고쳐주면 그들은 저녁 시간이 즐거워집니다. 제가 하는 일은 사람들을 행복하게 만드는 일입니다."라고.

그가 지금 어디에서 무엇을 하고 있는지는 모른다. 그러나 분명한 것은 어디에서 무엇을 하든 그는 자신의 일이 가치있는 일이라 믿고 자신이 가장 잘할 수 있는 일로 만들고 있을 것이라는 거다.

이처럼 업의 개념을 정리하고 나면 세상은 달라진다.

자신이 가장 잘할 수 있는 일이 지금 하는 일이 아닐 것으로 믿는 사람들에게 물어보자. "요리 잘해? 아니면 디자인 할 줄 알아? 기계 잘 다룰 줄 알아. 그것도 아니면 사과를 어떻게 따는지 알아?" 그게 다 아니라면 지금 하는 일에서 찾아라. 전공을 살리지 못해 제대로 평가 받지 못한다고 자신을 위로하지 마라. 사학과를 졸업 후 마케팅에서 뛰어난 능력을 발휘하는 이도 있고, 수술 분야에서 최고이면서 시인으로 더 유명한 의사도 있지 않은가. 지금 하는 일에서 최고가 될 수 없다면 다른 어떤 일을 하더라도 최고가 될 수 없지 않을까.

그 작은 일에 그토록 충실한 사람은 어떤 일을 하더라도 자신의 일이 권태롭거나 단조롭다고 느끼지 않을 것이며, 더 잘맞는 일을 찾아 헤맬 리가 없을 것이기 때문이다. 왜냐하면 이미 그에겐 지금의 일이 충분히 가치가 있다고 믿기 때문이다.

지금 자신이 하는 일을 다른 관점에서 바라보고 새로운 가치를 찾아라. 그러면 그 일은 남들이 쉽게 흉내 내지 못할 특별한 일이 될테니까.

내가 가장 잘할 수 있는 일, 즐겁게 할 수 있는 일, 내게 가장 맞는 일, 그 답은 바로 당신이 지금 하는 그 일이라는 것을 잊지 말아야 될 것이다.

인생의 주제는 무엇인가

사람은 태어날 때 울면서 태어나지만 모든 사람들에게 환영을 받는다.

주먹을 불끈 쥐고 태어나는 이유는 이 세상에서 무엇인가를 해보겠다는 각오이다. 그러나 이 세상을 떠날 때는 소망을 이루었거나 이루지 못했거나 빈손으로 떠난다.

매일 아침 출근시간을 라디오와 함께 시작한다. 밤새 무슨 특별한 일이라도 일어났는지 등을 전해받는 유일한 매체이기도 하지만 때로는 팝송이나 가요, 클래식 음악들을 접하기도 할뿐만 아니라 활기찬 하루를 열어주는 친구와 같은 존재이기 때문이다. 또한 매주 수요일이면 베스트셀러 책을 소개해 주는데 그때 가장 느낌이 오는 책을 찾게 된다. 스티븐 코비의 『오늘 내 인생 최고의 날』이다.

이 책은 삶의 소중함과 그 가치를 다시 한 번 가슴 깊이 새기게 해주었다.

큰 단원으로 보자면 책임지기, 꿈 이루기, 역경 극복하기, 인생의 의미 찾기, 내면에서 시작하기, 더불어 살기, 편중되지 않는 삶 살기 등이다.

세계 곳곳 사람들의 위대한 일상을 보여주는데 등장하는 인물 중에 유명인도 있지만 대부분 보통 사람들의 이야기이다. 하지만 그들의 삶을 자세히 들여다보면 결코 평범하지 않다. 평범 속에 비범함을 보았다. 나는 위대한 삶을 그들을 통해서 만날때마다 가슴속에서 무언가가 꿈틀거림을 느꼈다.

그 위대한 주인공들의 이야기를 하나하나 보면, 세르비아와의 전쟁 때 사라예보 한복판에 터진 폭탄으로 무참히 희생된 시민들을 목격하고 그들을 위해 무엇을 할 것인지 고민하는 첼리스트의 헌신, 변호사로서 라이벌에게 패배한 후 자신의 실력을 향상시키고 라이벌을 등용한 링컨 대통령의 겸손함,

폐암으로 인해 모든 것을 잃어버렸으나 좌절하지 않고 후배들의 꿈을 위해 자신의 목숨을 바친 존 베이컨의 삶, 그리고 2차 세계대전 당시 항구에 갇힌 영국과 프랑스 군인들을 구출하려는 어부, 귀족의 단결력, 배우의 꿈을 가졌으나 오디션에 번번이 낙방하고 서른이 넘어 합격해 마흔이 되어서야 스타로 성공한 유명배우의 역경극복기, 아내의 행복과 즐거움을 위해 거액의 돈과 유명세를 과감하게 뿌리친 감독의 절제된 행동 등이 있다.

이들의 삶은 나에게 한마디로 표현할 수 없을 만큼 위대한 이야기들이었다.

이외에도 책임, 존중, 공감, 단결, 순응, 감사, 균형, 단순함, 대범함, 절제, 용기, 비전 13가지 덕목은 최고의 성공의 명사이고 『벤자민 프랭클린』 역시 시간을 뛰어넘는 성공의 고전이기에 인생에서 중요한 가치들을 다시금 생각해 볼 수 있었다. 어떻게 살아야 자신의 삶을 가치 있게 만드는

것일까?

또 어떠한 삶이 자신을 행복하게 하는 것일까? 무엇이 다른 사람들의 삶에 영향을 주는지, 과연 용기란 무엇인지, 비전은 어떻게 실현하는 것인지, 삶을 균형적으로 어떻게 살아야 하는지. 이 책은 내게 수많은 물음을 가져다주었다. 자신에게 주어진 삶은 분명 자신의 것이지만 한편 타인의 것이기도 하다. 위에서 말하는 13가지의 덕목을 잘 실천하게 된다면 누구나 성공할 수 있는 조건을 가진 셈이다. 이미 우리들 안에는 성공의 조건이 충분히 있고 우리들은 행동하기만 하면 된다.

오늘 우리 모두는 함께 공유하며 진정한 오늘을 사는 것임을 일깨우고 있다.

이들의 초점은 과거나 미래가 아닌 바로 오늘에 맞춰져 있다는 것이다.

그렇다면 나는 오늘이 내 인생에 최고의 날로 만들어가야겠다는 각오로 살아 갈 때에 내가 바라는 "인생의 주제는 무엇인가?"를 이루어 가는 셈이 되기도 한다. 오늘 하루를 감사함과 균형, 절제 있는 삶을 살아 갈 때에 날마다 '인생 최고의 날'을 만들어 갈 수 있지 않을까 생각해본다.

열쇠 소리

주택에서 살 때와는 달리 아파트에서 살게 되면서 꼭 필요한 물건이 열쇠와 아파트용 김칫독이었다. 김칫독은 그해 가을에 사서 몇 년 동안 쓰고 있으니까 별 문제가 없지만 열쇠는 가끔 잃어버리기도 하고, 휴대를 해야 할 때 휴대를 못 하게 되면 일이 생기곤 한다. 이사 와서 얼마 되지 않았을 때 열쇠를 가지고 나가지 않아 한 시간 동안을 문밖에서 다른 가족이 오기를 기다린 적도 있었다.

아이들도 열쇠를 학교에 가지고 가지 않아 직장에 있는 나에게 전화를 해서 허겁지겁 다녀왔던 적도 한두 번이 아니었다.

언제부터인가 직장에서 돌아와 빈 아파트 열쇠를 꽂을 때에는 항상 작은 염려가 마음속에서 고개를 들었다. 혹시 열쇠가 열려 있으면 어떻게 하나? 또 이 열쇠가 안 맞으면 어떻게 하지? 그러나 열쇠는 항상 제자리에 꽂히면 어김없이 '찰카닥' 소리와 함께 문을 열어준다. 나는 그제서야 안도의 숨을 내쉬는 것이다.

나는 자물쇠와 열쇠가 맞물려 찰카닥하고 열릴 때의 그 작은 낮은 울림을 좋아한다. 그건 마치 오랫동안 입안에서 뱅뱅 돌던 어떤 이름이

머릿속에서 번쩍 생각나는 순간 같기도 하고, 한동안 욕망의 집착에 싸여 괴로워하다가 하루아침에 탁 털어버리고 일어서는 순간의 자유로움 같다고나 할까.

언젠가 안방이 잠겨져서 집의 열쇠란 열쇠를 총동원한 적이 있다. 이것저것 꽂아 보았으나 맞는 것이 없었다. 맞지 않는 열쇠를 찾아서 안 열릴 때의 그 답답함을 어디에다 비기랴. 마치 아무리 뛰어도 제자리걸음인 꿈속처럼 안타까웠다.

그건 또한 지나가 버린 시간의 안타까움만큼이나 절실하다 '그때---했더라면 좋았을 걸---'하고 생각하는 부질없는 회한 같은 것이기도 하였다.

우리가 살아가면서 부딪히는 모든 인생문제가 모두 열쇠 소리처럼 찰카닥 하고 명쾌하게 풀어진다면 얼마나 좋으랴? 나는 할 수만 있다면 이 세상 모든 사람들에게 잘 맞는 열쇠 하나쯤은 있었으면 싶다. 그래서 어려운 일을 만나면 그 열쇠로 삶의 문제를 '찰카닥'하고 열수 있으며, 찰카닥이라는 진동음으로 환하게 웃을 수 있는 환희의 세계를 상상해 본다. 잠깐 동안일지라도 지구는 얼마나 즐거운 축제일이 될 것인가?

열쇠를 보면 떠오르는 옛날 영화가 있다. 배우들 이름은 잊었지만 「마음의 행로」라는 영화다. 기억상실증에 걸린 남자 주인공이 옛날의 자기 집 열쇠를 항상 손안에 넣고 기억을 되살리려 애쓰는 모습이다. 그의 비서로 취직한 부인도 못 알아보지만 그 부인의 노력으로 그는 옛날 살던 동네 가까이 가게 되고, 옛집을 보는 순간 기억을 되찾게 된다. 항상 손에 가지고 있던 열쇠로 찰카닥 문을 열 때 그는 잃어버린 과거를 되찾는 것이다. '폴라'하며 부인의 옛 이름을 부르는 순간, 그의 얼굴마저 무기력한 노인에서 활기찬 젊은이의 표정으로 변하던 장면을 나는 잊을 수 없다.

하루를 지나면서, 계획한 대로 모든 일이 이루어지고, 사람과의 만남에서 서로 어떤 이해와 따뜻한 공명을 느낀 날은 잘 맞는 열쇠로 찰카닥하고 자물통을 연 것같이 기분 좋은 하루가 된다. 어찌 사람 과의 만남뿐이랴. 어느 날 먼지가 수북이 쌓여있는 책꽂이에서 뽑아 든 책에서 오래 전에 끼워둔 한 장의 빛바랜 꽃잎을 발견했을 때, 그 순간은 잠겨만 있었던 마음의 문을 열고 순수했던 학생 시절의 꿈을 더듬어 보기도 하고, 아이들과 나들이 나갔다가 주워든 낙엽의 책갈피를 보면서 아이들 어렸을 때의 추억을 떠올리기도 한다

코를 스치는 매케한 연기에서 이효석의 수필을 생각해 내고 앞서 간 이들의 맑은 정서를 접해 보기도 하는 것이다. 하루가 저물고, 오후 일곱 시경이 되면 나의 귀는 온통 현관문을 향한다. 그런, 지금은 '찰카닥'이라는 열쇠 소리 대신 틱틱틱 번호 다이얼 누르는 소리가 들리고 문이 찰카닥 소리를 내고 열리는 대신 번호다이얼의 맞춤에 따라 문은 소프트하게 열리는 문화로 바뀌어졌다.

가끔, 번호키 소리를 못 듣는 날엔 누군가 집에 들어왔지만 들어 온지를 몰라서 반겨 맞는 웃음을 잃어버린 때가 있다. 그 결과는 집으로 들어온 이에게 울적한 기분을 줄 뿐만 아니라 섭섭하게까지 하는지도 모를 일이다.

하루를 마무리하고 집으로 들어선 퇴근길!

명랑한 울림이 들려준 '찰카닥'이라는 그 소리가 하루를 명쾌하게 마무리짓게 해주었으면 좋으련만. 시대에 따라 달라지는 문화에 찰카닥

하는 그 소리가 내내 그리워지기도 하는 것은 낮고 가냘픈 소리이지만 우리 모두의 마음을 이어주는 강렬한 울림이 깃든 소리기 때문이리라.

울어야 산다

사람은 태어날 때 울음으로 시작하고, 눈물 속에 살다가, 통곡소리와 함께 세상을 떠난다. 그것은 눈물 없는 인생이 없다는 증거다. 그런데도 우리의 눈물은 약한 사람과 아픈 사람, 또는 외로운 사람, 가난한 사람, 고통 받는 사람들만 흘리는 것이라고 생각하는 경향이 있다. 그래서 웃음은 기쁨과 건강을 상징하지만, 눈물은 슬픔을 말하는 단어가 되어 버렸는지도 모르겠다.

또한, 웃는 것이 건강에 좋다고 해서 억지로 웃게 만드는 "웃음 치료"가 각광을 받고 있는 것도 요즘의 현실이다. 하지만 잘 우는 것도 웃는 것 만큼이나 건강에 도움이 된다. 웃음이 면역력을 높여 주는 것처럼, 울음 역시 스트레스를 해소시켜 몸과 마음을 건강하고 평안하게 해주기 때문이다. 더욱 결정적인 순간은 오히려 웃음보다 눈물이 훨씬 더 효과적이라고 한다. 예컨대, 어거스틴의 어머니 모니카의 눈물이 그러했다. 망나니 자식을 돌아오게 하는 데는 어머니의 눈물어린 기도가 있었고, 낙심한 사람을 일으켜 세우는 것도 눈물이었던 것이다.

성경에서는 히스기야왕이 죽을병에 걸렸을 때, 하나님께 통곡의 눈물로 기도했더니 이사야 선지자를 통해 "내가 네 기도를 들었고, 네 눈물을 보았노라."(사38:5)고 응답하시며 생명을 15년씩이나 연장시켜주셨다. 하나님은 우리가 기쁨가운데 살기를 원하지만 때때로 우리를 지켜보시고, 기도를 들으시는 분이라는 걸 알 수 있다.

오늘 우리가 살고 있는 이 시대는, 울지 않을 것으로 인하여 울고, 울어야 할 것으로 인하여 울지 않는, 눈물이 왜곡된 시대를 살아가고 있다. 성경에서는 이사야와 예레미야 선지자는 민족의 아픔과 죄로 사무친 백성을 보면서 울었다고 씌여 있다.

도산 안창호 선생님은, 나라의 운명이 기울어 가는 민족의 쇠운을 보고, 가슴을 치고 울며 "저는 우리 민족의 죄인이올시다." 하나님께서 이 민족을 사랑하여 주셨는데, 이 민족을 위하여 아무것도 한 일이 없습니다. 저는 죄인이올시다."라고 울며 기도했다고 한다.

목놓아 울게 되면 우리 신체복근과 장이 운동을 시작하여, 그 기능이 좋아지고, 나아가 오장육부는 물론이고 영혼을 뒤흔드는 눈물일수록 치료효과가 크다고 한다. 하지만 반대로 '슬플 때 울지 않으면, 다른 장기가 대신 운다.' 그 원인은 스트레스가 쌓여 병을 만들어 간다고 영국의 정신과의사 헨리 모슬리는 말한다. 우리들의 눈물은 마음을 치유하는 물이다.

그러니 눈물은 부끄럽지도 약하지도 않은 것이다. 우리가 이미 겪어보았듯이 진정으로 강한 것은 사랑의 눈물이다. 눈물이 메마르면 가슴이 움직이지 않고, 생명력이 없다. 사막의 가시는 원래 잎사귀였지만 메마름으로 인해 가시로 변한 것이라고 한다. 그처럼 메마름은 가시를 만들어 나를 찌르고, 다른 사람을 찌르는 비수가 된다. 하지만 눈물은 충분히 적셔진 온유이며, 눈물을 흘린 눈은 다시금 잃었던 시력을 회복한다. 우리가 자주 먹는 미역도, 마른 미역 상태로는 먹기도 힘들뿐 아니라, 양도 적어 보인다. 그러나 물에 집어넣고 불리면 연해지고 부드러워지는 것을 알 수가 있다.

이처럼 눈물은 위대한 생명력이 있는 것이다. 이제 울어야 한다. 울어야 살고, 울어야 마음속에 맺혀진 스트레스를 올올히 풀어내기 때문이다. 그래야 우리의 삶이 촉촉해지고, 촉촉해져야 보이고, 촉촉해져야 일을 하고, 촉촉해져야 열매가 맺힌다. 메마른 눈으로 세상을 바라보니까, 세상이 안보이고, 미래가 안보이고, 캄캄하고 답답해지며, 이웃이 안 보인다는 것이다. 그러므로 울고 싶을 때가 있는가. 정말 목 놓아 울고 싶을 때가 있는가. 실컷 울돼, 나라와 민족을 위해서도 울어야 할 것이고, 지도자들을 위해서 울고, 가정과 나 자신을 위해서 울어야 병든 사회가 살아난다.

주기적으로 눈물을 흘려 내면을 치유하고 세상을 볼 수 있는 안목이 열려질 수 있도록 한 번씩 기도의 샘, 통곡의 샘에 잠겨보아야 되지 않을까.

전주 '콩나물해장국'

호남평야의 중심인 전주는 재력이 든든한 중인이 많았고, 동학혁명의 영향도 크고 해서 조선 후기 양반과 상놈의 차별이 다른 지역에 비해 일찍 허물어진 곳이기도 하다.

눈을 감고 '전주' 라는 곳을 생각해 보면, 가장 먼저 떠오르는 이미지 가 전주의 한옥마을이다.

한옥마을에는 전주의 핵심이 되는 중요한 보물 같은 것들이 참으로 많다. 그중에서 한옥마을에 위치해 있는 '학인당'이다.

학인당學忍堂은 원래 99칸의 큰집이었으나, 지금은 본채와 뒤채만 남아 있다.

본채는 방과 방 사이를 트고 확장이 가능하도록 설계되어 있어 100여 명이 함께 앉아 강의나 모든 행사를 할 수 있는 곳이다.

아이들이 초등학교에 다닐 때 그곳을 찾았다.

때마침 판소리계에서 이름난 선생님들이 오셔서 공연하는 날이었으니 우리에겐 일석이조의 소득이 있는 날이었다. 그날 국악계 유명한 선생님들이 오셔서 고전인 「심청전」과 「흥부놀부전」 등을 구성지고도 감칠맛 나게 들려주셔서 재미난 판소리를 감상하는 계기가 되었고, 판소리에 대한 새로운 삶의 지평을 열어가는 기회가 되기도 했다

그래서 그런지 그 근동만 가게 되면, 아직도 구성진 한 가락의 판소리가 들리는 듯하여서 입가에 미소가 지어지며 한껏 마음이 즐거워지기도 한다.

그뿐인가?

봄에는 경기전 뒷담의 은행잎이 연두빛으로 싹을 틔우는 모습이 얼마나 예쁘고 아름다운지 삶에 희망을 품게 되고, 가을에는 노오란 황금빛으로 물들어 있는 은행잎이 눈물이 날 정도로 아름답다.

가을바람이 부는 날은 날리는 낙엽이 나비처럼 보여져서 한 편의 시가 저절로 나올 정도이며 쌓이는 잎새가 아름답다 못해 슬프기까지 하다.

전주는 예부터 다양한 민속과 전통문화가 특징이랄 수 있지만 난, 의식주를 먼저 생각한다 그중에서 밥食은 필수가결한 것이다.

전주 음식은 비빔밥뿐만 아니라, 어떤 음식이라도 손꼽을 정도로 맛과 멋을 자랑하기에 손색이 없다.

그렇지만 그중에서 난, 콩나물국밥을 제일로 꼽고 싶다. 까닭은 10여 년 전 직장에서 새벽 비상이 걸리는 날엔 직원들이 아침밥 대신 콩나물국밥집인 왱이 집으로 발길을 돌리곤 했다.

그때마다 따라가서 먹게 되었는데, 직원들은 콩나물 국밥을 먹게 되면 속이 시원하게 풀어진다는 감탄을 연발했고, 난 콩나물국밥이 술을 마시는 사람들만 먹는 밥인 줄 알았는데 그게 아니라는 사실을 그때 알게 되었다.

콩나물국밥은 콩으로 나물을 길러서 만든 식품이기에 단백질이 많이

함유되어 있고, 여러 가지 야채를 넣어서 만들었기에 영양도 풍부하다.

특히, 추운 겨울날 먹었기에 더 진한 맛을 느꼈을지도 모르지만, 그 식품에 대한 기억이 오래토록 마음에서 떠나질 않았던 까닭은 미각을 돋우기에 일품이었기 때문이리라.

그 뒤, 한동안 그 음식을 접할 일이 없었는데 교회 여름수련회를 마치고 돌아오면서 교인들과 함께 그곳에 들르게 되었다.

세월은 흘렀지만, 여전히 음식 맛은 변함이 없었으니 변한 것은 나 자신뿐이지 싶었다.

그러던 어느 날 퇴근길에 남편과 함께 남부시장 골목 안에 있는 콩나물국밥집에 들르게 되었다. 겉으로 보기에는 달갑게 보이지 않는 국밥이지만, 계란 중탕에 해장국 국물을 몇 숟가락 넣고, 김 가루를 뿌린 뒤, 휘휘 저어 반찬으로 나온 구운 김을 해장국에 턱 얹어 넣고, 다진 고추로 맵기를 조절하고 새우젓으로 간을 맞췄다.

뚝배기에 담겨 나온 해장국에 오징어와 콩나물을 총총 썬 김치 등이 들어있었다.

혹시 했지만 역시나 였다.

세월은 끊임없이 흐르지만,우리 전주의 인심과 음식 맛은 변함없이 맛과 멋을 자랑하기에 충분했다.

콩나물국밥을 좋아하는 까닭은 농경사회였던 우리네의 인심과 따듯한 정이 배어 있는 듯하며 내 고장 전주를 사랑하는 마음이 있기 때문이지 않을까?

콩나물국밥은, 멋과 맛 전주, 한국을 넘어서 세계 속에서도 함께 하는 음식 맛이지 않을까?

더불어, 전주시의 로고가 "한바탕 전주 세계를 비빈다"라는 글귀인데 꼭 음식에 대한 자랑을 하는데 어울림일 듯싶게 마음에 와 닿는다.

세계 속에 전주 멋과 맛을 전주의 콩나물국밥으로 내놓는다면 어떨까.

무더운 여름날 아니, 입맛을 잃었을 때 뚝배기에서 김이 모락모락 피어오르고, 매콤하고 시원한 국물이 최고인, 콩나물국밥으로 심신을 달래 보는 일도 전주를 사랑하는 데 한몫을 하는 일이 되지 않을까.

맛과 멋이 깃든 전주의 "콩나물해장국"을 그 어떤 음식이 감히 넘볼 수 있으랴.

소 밭갈이 사진

지난 겨울은 눈도 많이 내렸고 추위가 길었던 탓에 다른 해에 비해 겨울이 길었다는 기억이다. 그것을 설명할 수 있는 일들은 여러 가지가 있으나 손을 꼽아 본다면 봄에 피는 꽃이 철을 앞당기기보다 계절이 뒤로 물러난 듯한 생각을 할 정도로 늦게 피는 꽃들 때문이지 싶다. 동백꽃이 그렇고 목련꽃 등을 4월 중순에서나 볼 수 있었다는 것이 이를 증명하는 것은 아닐까??

사람들은 인생을 사는 동안 크고 작은 약속들을 하게 된다. 종종 그 약속들이 원치 않게 어긋나게 되기도 하고 어기게 되기도 하는 까닭은 지키기 어려운 약속이기도 하겠지만 어쩌면 약속을 너무 쉽게 생각하는 까닭이고 소홀히 여기는 까닭이지 싶다.

하지만 자연은 계절을 어기는 법이 없다. 늦어진 봄의 일기지만 그들은 부지런하게도 어김없이 봉오리를 만들고 꽃을 피우고 잎을 피우기에 여념이 없다. 자연의 법칙은 변함이 없기에 농부들은 이른 봄부터 씨를 뿌릴 준비에 수선을 떤다. 대지를 갈아 엎는 작업부터 시작한다.

굳어진 땅을 잘게 부수는 도구로 괭이, 호미, 삽들이 있었지만 예부터 쟁기라는 도구도 있었다. 쟁기는 기구는 척박한 땅을 파 뒤집어 부드럽고 고운 옥토로 만들기에 적합한 도구였기에 그 작업을 위해선 소를 앞세워 일을 하곤 했다. 농부에게는 이보다 더 좋은 도구가 없음을 보고 자랐다. 쟁기는 농사를 짓는 데 없어서는 안 될 정말 필수 가결한 농기구다.

때문에 봄이 되면 쟁기는 논밭을 도맡아 갈아 엎는 일에 무척 바쁘다.

앞에서 소가 쟁기를 끌고 지나가면 새각씨 머리의 앞가르마처럼 반지르르하게 골이 타졌다. 그럴 때면 어느새 까치, 할미새, 제비 등 새들은 땅이 뒤집힌 곳에서 곤충이나 지렁이를 먹으려 달려들었고, 땅강아지가 나타나 날개를 펴고 날아오를라치면 어느새 나타났는지 제비가 벼락같이 채갔다.

또 벼 수확이 끝나면 바로 논을 갈아엎어 보리를 심었고, 그때도 쟁기는 한몫을 단단히 했다.

이렇게 쟁기는 봄부터 일을 시작하여 벼 수확 후 보리를 심을 때까지 일을 했다.

그러나 어느 때부터인지 쟁기는 서서히 모습을 감추었고 이제 쟁기는 농가의 허청 처마 밑에나 매달려 있거나 벌겋게 녹슨 채 농업박물관에나 있는 신세가 되었다. 그런데 오늘 아침 『도민일보』 일면에 밭갈이하는 어느 산골 농부의 모습이 아련하게도 실려 있다. 참으로 경이롭고 반가웠다. 봄을 재촉하는 밭갈이의 모습 다시 한 번 눈을 비비며 자세히 들여다본다.

이 사진은 분명 내 어릴 적 종달새가 우짖을 때 쯤 '이랴!'하며 소를 모는 들녘 풍경 그 모습 그대로다. 세월은 얼마만큼 지났을까? 농촌에서도 그 모습은 사라진 지 오래 되었고 경운기의 탈탈거리는 소리만 높아 가는데, 쟁기의 모습도 역사 속으로 사라져버린 뒤안 길에서 오늘은 사진을 통해서 잊어버렸던 추억 하나를 건져 올려본다.

가을 속에서 만난 추억의 가을

은행잎들이 서서히 노랗게 물들어 가는 것을 보니, 못내 아쉬운 마음이 들었다. 갑자기 따뜻하고 향이 좋은 차茶를 마시고 싶다는 생각에 차를 몰고 임실 신평 쪽으로 달렸다. 차창으로 비치는 들과 산은 이미 가을을 연출하고 있었고 나는 그 가을 속을 달리고 있었다.

시원스럽게 불어오는 산들바람, 가을 들녘은 노랗게 익어 가는 벼들이 황금물결을 이루고 있고, 동산의 나무들은 서서히 예쁜 옷으로 갈아입을 차비로 바쁘다. 감나무엔 홍시가, 밤나무엔 알밤이 알차게 영글어 가고, 부지런한 다람쥐들은 나무 위를 오르락내리락 겨울을 대비한 체력단련 훈련이 한창이다. 빨갛게 익어 가는 대추를 보니 어릴 적 생각이 떠올라 핑그르르 웃음 반절, 눈물 반절이 겹쳐진다. 문득 어릴 적 추억이 되살아났다.

우리 집은 딸이 넷 아들이 하나 4녀 1남이다. 아들을 하나 더 낳겠다고 마흔이 넘어서 난 딸이 나다. 나를 사람들은 쉰둥이라고 한다. 수줍음을 많이 타는 나였지만, 개구쟁이 같은 면도 있었다.

어느 가을! 담장옆 대추나무에 빨갛게 익어 가는 굵은 대추가 군침

돌게 먹음직했다. 대추의 유혹을 견디지 못하고(그때의 대추는 왜 그리도 커 보였는지) 나는 담장에 올라가서 대추를 한 움큼 따서 주머니에 넣고 먹었다. 그 때 갑작스럽게 웬 할아버지의 고함이 들렸다.

나는 있는 힘을 다해서 도망쳤다. 왜냐하면, 그 할아버지가 나를 모를 거라고 생각했기 때문이다. 그런데 그 할아버지께서 우리 집에 찾아오셨다. 나는 방에서 꼼짝도 못 하고 숨을 죽이고 있는데, 아버지께서 나를 부르셨다. '그래, 드디어 올 것이 왔구나.' 생각했다. 아버지에게 나는 대추를 따먹지 않았다고 거짓말을 했다. 그 할아버지는 우연히 지나가는 길에 집에 들르셨고, 막내딸이 개구쟁이 같은 면이 있다고 말씀하셨단다. 나는 지레 겁을 먹은 셈이었다. 아버지는 "나의 물건이 소중한 것처럼 남의 물건도 소중한 것이란다." 라며 타이르셨지만 그때 생각만 하면 얼굴이 화끈 달아오른다.

나이가 먹어서 안 사실이지만, 대추의 효능은 약방의 감초와도 같다고 할 수 있을 정도로 좋다. 손발이 싸늘해지면서 토하는 증상을 보일 때도 대추를 먹게되면 신경완화 작용과 긴장을 풀어주고 흥분을 가라앉혀 줌으로 수험생들에게도 효과가 좋으며 내장기능을 강화시켜준다.

대추는 비위(비장과 위장, 소화기)를 튼튼하게 하며 식욕부진이나 소화불량인 사람이 복용하면 체질이 개선되며 소음인에게 더욱 좋다고 한다.

또한 호흡기를 튼튼하게 해줌으로 심장과 폐를 윤택하게 하고 기침을 멈추게 하며 속을 편하게 하여 번민을 없애주기도 하며 불면증에도 좋다.

더불어 근육의 긴장을 풀어주어 관절염이나 류머티스에 특효약이며 몸을 따뜻하게 해주어 여자들에게 좋다고 한다.

말린 대추를 달여 먹으면 몸도 훈훈해질 뿐 아니라 혈액순환이 잘되어 피부도 윤택하게 된다. 이뇨작용을 촉진시켜 다이어트에 좋으며, 강장제로 힘을 나게 해주기도 하며, 식이성섬유 플라보노이드, 미네랄 등은 노화방지는 물론 항암효과를 가지고 있으며, 대추에 함유된 베타키로틴은 체내 유해 활성산소를 해독하는 힘을 가지고 있다고 한다. 대추를 보고 안 먹으면 늙는다. 는 말이 있을 만큼 몸에 좋다. 중국의 황제 나비는 불로장수 식의 하나로 대추를 즐겨 먹었다고 한다.

가을이 되면 어머니께서는 집 뒤곁에 있는 대추나무와 밭가에 있는 대추를 장대로 털었고, 우리는 주워 담으면서 달콤한 맛을 즐겼다. 어머니께서는 그 대추를 말리셔서 겨울이 되면 대추씨를 빼고 잘게 채썰어 놓은 다음에 꿀에다가 또는 노란 설탕에 한 달 정도 재워 두셨다가 냉수에 타서 주셨다. 따뜻한 물에 타서도 주셨지만, 손님들이 오셔서 드릴 때는 잣도 몇 알 둥둥 띄웠다. 어머니의 솜씨를 칭찬하셨던 기억이 새롭다.

이처럼 우리 몸에 유익한 대추는 소위 웰빙 식품인 셈이다.

오늘처럼 이렇게 곱게 익은 대추를 보니 돌아가신 두 분이 떠오른다. 어린 시절 그 개구쟁이 소녀가 어느덧 중년의 아주머니가 되었으니 세월이 빠름을 피부로 느낀다. 철없었던 어린 시절의 이야기가 내 인생 노트에 진한 그리움이자 옛 추억으로 남는다.

가을에 끌려 가을 속으로 갔다가 추억 속의 가을을 만나게 되었다. 시골 풍경 속에서 다시 가을을 만나니 내 눈에서는 이유를 알 수 없는 눈물이 글썽인다. 올가을엔 대추를 많이 사서 평소 은혜를 입었던

지인들에게도 마음을 전하고, 그 옛날 친청 어머니가 만들어 주셨던 대추차를 만들어 아이들에게도 따뜻한 마음을 전해주리라.

2부

고향의 우물

간장 꽃

코스모스도 까만 꽃씨만 남기고 소국도 무더기로 묶어 놓았으니 얼추 가을의 끝자락이었으리라. 그날도 무서리가 내렸지만 하늘만큼은 참으로 맑고 아름다웠던 것으로 기억된다. 어머니께서는 샛노란 햇콩을 서너 말쯤 다라이에 퍼다 부은 뒤 씻어 사랑채 소죽 끓이는 큰 가마솥에다 붓고 푹푹 끓이기 시작했다. 그날은 이른 저녁을 마친 뒤 가족들을 다 모으신 뒤 네모 반듯한 상자와 둥근 모양의 상자를 가지고 오셔서 그 틀에 흰 광목보자기를 넣은 뒤 삶은 콩을 가득 채워 가족들에게 돌아가면서 밟으라고 하셨다. 그 밟는 일이 언니들이 할 때는 재미있는 것 같아 보였지만 내 차례가 되어 해보니 처음에는 푹신푹신한 느낌이 신기하고 재미있었지만 조금 밟다 보니 뜨겁기도 하고 양발이 끈적끈적하게 콩 진액이 들어붙기도 하여 여간 힘든게 아니었다. 콩과 콩이 단단하게 뭉쳐지지가 않았다.

이쯤해서 살포시 꾀병이 나 친구 집에서 놀다 들어오니 거푸집과 새끼줄로 조심스럽게 싸매서 아랫목 천장에 매다는 것이었다. 엄마는 왜 쓸데없이 힘들고 냄새나게 이걸 만들어야 하냐고 불평을 늘어놓았더니 어머니는 그 콩으로 메주를 만들어 띄우며 간장과 된장이 되고 전주 오빠 집과 언니네 집 또 도시에 사는 친척들에게 나누어주고 우리들이 먹고 살아가야 할 음식의 귀중한 재료가 된다고 설명하셨다.

어린시절 엄마는 괜한 것으로 우리를 고생시킨다고 생각했지만 그렇게 빚어진 콩은 예쁜 모양으로 큰방 아랫목에 네모와 동그라미 모양으로 겨울 동안 천장과 아랫목을 차지하게 되었고, 그 메주는 시간이 가면서 새하얗게 곰팡이가 피었고, 어머닌 하나하나 다 떼어내고 솔로 깨끗이 씻은 후 소쿠리에서 물기가 사라질 때까지 말린 후 그 메주에 고추와 숯 대추와 계란을 넣고 새벽녘 정화수를 떠다 소금을 넣어 간이 잘 조합되도록 하셨다. 그러면서 90일내지 100일이 지나야 맛있는 간장과 된장을 먹을 수 있다고 하셨다.

얼마나 지났을까. 3월말이나 4월쯤으로 기억된다. 그날도 화창한 햇살이 온 누리를 환하게 비추었고 오수로 나른하게 졸리운데 갑작스럽게 어머닌 야단이 나셨다.

애들아, 이리 와봐라. (숨가쁘게 재촉하시면서) 어서 와보라니까?? 간장 꽃이 피었어. 간장 꽃이 예쁘게 피었다니까, 난 속으로 무슨 말이야, 꽃이 피다니 간장에 무슨 꽃이 핀 것일까? 겨우내 큰방에 지독한 냄새를 피우더니 이제는 무슨 꽃이 피었다는 걸까? 갑작스럽게 호기심과 신기한 생각이 들기도 했다. 간장 꽃은 어떻게 생겼을까하는 생각에 달려갔다. 그사이에도 어머닌 또 한번 가족들을 부르셨다. 빨리 와서 보라는 것이다. 아버지도 큰언니와 작은언니도 못 이기는 척하더니 장독대로 모여들어 웃으며 맞장구를 쳤다. 어머니와 아버지께서는 환한 웃음을 피우셨다.

참 이상한 일이 아닐 수 없었다. 독에 얼굴을 들이밀고 찾아보았 지만 아무리 봐도 꽃 같은 것은 없다. 어디 꽃이 있어? 하고 핀잔을 했더니 퍼런 곰팡이가 하얗게 피어 둥둥 떠 있는 것이 간장이 피워낸 꽃이란다. 나의 호기심과 기대는 물거품처럼 사라지고 실망으로 되돌아오는 순간 엄마에게 소리를 질러댔다.

에~게 곰팡이고만, 큰일 났다. 간장에 곰팡이가 피었으니 맛있게 먹기는 틀렸네~. 곰팡이를 빨리 건져내야 하는 게 아니냐고.

어느덧 여름방학이 시작되었고 들녁으로 새참을 내갈 때마다 엄마는 상추와 된장을 꼭 챙기셨다. 인부들은 된장과 간장이 맛있다고 칭찬하곤 하셨다.

어머니는 들녘 새참때와 집에 찾아온 손님들에게 항상 풋고추와 상추는 기본으로 내놓으셨고 이상하게도 음식을 먹는 사람들은 된장 맛이 일품이라 했다.

엄마는 그 소리를 들을 때마다 주름진 얼굴이지만 아침에 돋는 햇살처럼 환하게 웃음꽃이 피어올랐고 동네 이웃들에게 후한 인심으로 간장과 된장을 나누어 주시기에 바빴다. 난 속으로 생각했다. 무슨 일품 짜기만 하고만. 사실 그때는 그게 무엇을 말하는지 정말 몰랐다. 세월이 흐른 지금에야 엄마의 심정을 이해하게 되었고 음식마다 간장과 된장이 첨가되어야 맛있는 요리가 탄생되며 그 재료들은 단백질이 풍부한 품질 좋은 최고의 기초식품이었음을 알게 되었다. 몇 년 전에도 어머닌 나에게 된장과 간장 고추장을 손수 담가 가져가라고 성화를 해대셨다. 딸들에게 줄 마음으로 몇날을 노인네가 얼마나 몸과 마음으로 고생하셨을까 생각하니 미안한 마음과 고마운 마음 대신 눈가에 알 수 없는 촉촉함이 먼저 앞섰다.

그러나 이제 그 주신 재료도 바닥을 드러냈고, 그 재료를 공급해 줄 어머니는 이 세상에 계시지 않는다.

오늘처럼 봄이 오는 길목 산수유 꽃의 해맑은 웃음을 마주하니 불현듯 간장 꽃이 피었다고 행복해하며 그 환하게 웃던 어머니의 미소와 "애들아, 이리 와봐라. 간장 꽃이 예쁘게 피었다." 라던 어머니의 목소리가 나의 귓전에서 환청처럼 여전히 들려온다. 어린 시절의 그리운 어머니가 보고 싶고, 사랑과 정성으로 피었던 그 간장 꽃의 예쁜 모습이 더 없이 보고 싶다.

소소한 그리움의 소리

창 너머에서 들려오는 왁자지껄한 아이들의 소리가 오늘은 내 마음에 와 닿는다. 그 까닭은 메마른 나뭇가지에서 바람이 일고 푸른빛이 돋아나며 여기저기서 꽃들의 소식이 들려와 완연한 봄이라는 것을 체감하기 때문이다. 세상 모든 것에는 제각기 소리가 있다. 수런수런 푸석푸석 뚝뚝.

어떤 소리는 가까운 곳에서 들어야 하고, 어떤 소리는 멀리서 들어야 맛을 느낄 수가 있다. 또 어떠한 것은 베일 같은 것을 사이에 두고 간접적으로 들어야 좋은 소리가 있다.

소리에도 계절이 있다.

폭죽과 폭포와 천둥소리는 여름에 들어야 제격이며 폭염의 기승을 꺾을 수 있는 소리란 그리 많지가 않다. 지축을 흔드는 이 태고의 음향과 '확' 하고 끼얹는 화약 냄새만이 무기력해진 우리들의 심신에 자극을 더하며 폭염 아래서 새들도 침묵하지만 매미만은 질세라 태양의 횡포와 맞서며, 파도처럼 밀려오는 그 힘찬 기세에 폭염도 잠시 저만치 비켜 선다.

문득 쏴~아 지나가는 한 줄기 소나기, 푸른 나뭇잎을 통해서 듣는

빗소리가 상쾌하다. 이처럼 절실한 것을 흔드는 아득히 비상하던 종달새의 울음은 가슴 떨리는 소리이며 그 소리는 언제나 도전, 사랑, 희망과 같은 어휘로 우리의 가슴을 설레게 한다. 상아빛 건반 위로 달려가는 피아노. 그 소리는 오월의 사과 꽃향기 속으로 번지고, 이발사의 가위질 소리는 나른한 졸음에 금속성의 상쾌함을 더한다. 이런 소리들은 초여름의 부드러운 대기 속에서 들을 때 더 아름답다.

대체로 청각은 시각보다 감성적이다. 그래서 우리의 영혼에 호소하는 힘이 크고 때로는 영적이며 계시적인 힘을 지니기도 하며 향기가 그러하듯 소리는 신비의 세계로 오르는 계단이다, 소리는 우리의 영혼을 인도하는 안내자이기도 한 까닭은 종교적이기 때문이다. 신자이기 때문인지 모르지만 성가와 악기들의 연주 소리가 나의 마음을 감미롭게 승화시키고 목사님의 말씀은 나의 마음을 깨어지게 하는 영혼의 소리이기 때문이다.

나는 특히 사람의 소리를 좋아한다. 파바로티의 패기에 찬 목소리를 좋아하고, 휘트니 휴스톤의 소나기 같은 목소리도 좋아한다.

그러나 무엇보다 나는 나나 무스쿠리의 목소리와 케니 지의 소프라노 색소폰 소리를 좋아한다. 애수 어린 그런 소리를 듣고 있으면 나는 내 나이를 잊고, 내가 어떠한 사람인지를 잊고, 어린아이처럼 빗속을 질주하고 싶어질 때가 있다.

개 짖는 소리와 닭 울음소리는 들어본 지가 오래지만 멀리서 들어야 고요로움을 느낄 수가 있고, 대금 소리와 거문고 소리도 마찬가지로 그림자가 비친 창호지 문틈으로 들려오거나, 아니면 멀리 떨어진 정자에서 달빛을 타고 들려오는 게 제격이다. 적당한 거리는 베일과 같은 신비스러운 효과를 내고 그런 간접성, 그것이 아니면 깊은 맛을 느낄 수 없는 것일지도 모른다. 음악뿐이겠는가. 그림도 그렇고 화법도 그렇다. 산수화를 그릴 때는 안개로 산의 윤곽 일부를 흐리게 해야 비경의 효과를 얻을 수 있는 것처럼 같은 말을 할 때도 완곡어법을 우리는 더 좋아한다.

아침 햇살이 막 퍼지려고 하는데 창문 틈으로 들려오는 새들의 지저귐, 그 소리가 청아하여 아침은 언제나 새 희망 속에 우리를 눈뜨게 한다. 봄이 꽃과 새들의 계절이라면 가을은 낙엽과 풀벌레의 계절이다.

낙엽이 굴러가는 소리와 풀벌레 소리는 언제나 우리에게 잠들 수 없는 긴 밤과 텅 빈 가슴이게 한다. 깊어가는 가을 산속에 한 알의 알밤이 떨어지는 소리는 고요한 산 전체를 뒤흔들고도 남음이 있다.

이런 소리는 빈방에서 혼자 있어야 들을 수 있는 소리이자 마음으로부터 듣는 소리이다. 겨울은 무채색의 계절이기에 자연은 온통 흰색과 검정으로 수렴되는 듯싶다. 하지만 소리는 그렇지 않다. 겨울에는 겨울만이 낼 수 있는 다양한 소리가 있다. 싸락눈이 가랑잎에 내리는 간지러운 소리, 첫눈을 밟고 오는 그 누군가의 발자국 소리, 강가에 얼음장이 '쩍' 하고 갈라지는 소리와 지축을 흔드는 눈사태의 굉음과 굶주린 짐승들의 울부짖음. 이 모든 소리는 겨울이 아니면 들을 수 없다.

또한 언제 들어도 좋은 소리가 있다. 부엌에서 들려오는 어머니의 도마 소리와 반쯤 졸음 속에서 듣는 속삭임처럼 들려오는 내 이름을 부르는 소리가 그렇다 새벽녘 어머니가 내 머리맡을 지나면서 내는 치맛자락의 소리. 부엌문을 여닫을 때 들리는 삐그덕 소리는 내 유년의 소소한 그리움이자 다시 듣고 싶은 소리로 남아 있다.

고향의 우물

아~~글쎄, 설천댁네 큰아들이 장가간 지 몇 달인디, 벌써 아이를 낳았다네~~

저기 머시냐; 순천댁네 작은딸 곱뿐이 말여, 서울 ○○회사 다니잖혀.

근디, 벌써 돈을 모아 돼지 사서 키우라고 돈을 보냈다네, 참 순천댁은 복도 많여.

여름철 입맛도 없는디, 무슨 반찬이 입맛을 댕기게 한디야.

이런저런 이야기로 시작해서, 좋은 정보와 살맛나는 이야기, 재미난 이야기 거리로 꽃을 피우는 곳이 시골마을 우물가였다.

동네 소식이 궁금하거나 또 다른 소식을 전해들으려면 우물가에 찾아가면, 동네의 대소사 소식을 들을 수 있던 유일한 매체가 동네 우물가였다. 그도 그럴 것이 전화가 있었던 시대도 아니고, 고작해야 TV가 동네에 몇 대밖에 없고, 사람 사는 소식을 전해 주려면 스피커에 대고 공지사항을 말하였을 때였으니, 동네의 대소사를 한꺼번에 다 들을 수 있는 곳이 우물가였다.

우리 마을은 40~50여 가구가 모여 살며, 모든 일들을 내 집안 일처럼 쫘악 끼고 있다.

심지어 누구네 시아버지 제사가 언제인지까지 알기 때문에 제사 를 한 번 지내려면 단자에 보낼 음식과 떡을 한 시루는 해야 동네 전체가 한 조각이라도 나누어 먹을 수 있다. 이러한 일들 이 또 시골 마을을 유지하는 인심이기에 늘 기다림의 연속으로 격려하고, 위로하며 이웃 간의 정을 나눈다.

산골 마을의 하루하루는 우물가에서 시작이 된다.

때문에 우리 어머니도 간간이 눈여겨보면 그 바쁜 와중에도 핑계 삼아 빨래를 챙겨 우물가를 찾아가곤 했다. 나 역시 어머니를 따라 우물가에서 쪼그리고 앉아 엄마 일이 다 끝날 때까지 기다리면서 알콩달콩 사람 사는 이야기로 꽃을 피우고, 이야기 소리가 재미있어, 덩달아 따라 웃다 보면 아주머니들께서 '어머~ 쟤도 뭘 아나 봐.' 하면서 한바탕 또 웃음꽃을 피울 수 있었던 곳이 유일하게도 동네 우물가이기도 했다. 그러기에 우물가는 동네 사랑방 역할이기도 했다.

때때로 우물가를 지나가려면 항상 더 조신한 모습이어야 되고, 누군가가 나를 또 평가한다는 생각에 그 우물가가 때론 두려운 장소가 되기도 하였지만, 인심 후한 사람들이기에 언제나 행복한 미소를 한 점 피워 올리기에 좋았다. 때문에, 사람들 눈에 예쁜 모습으로 비치고 싶기도 한 그런 장소이기도 했다. 우리 마을의 샘물은 면面 내에서도 으뜸가는 1급수, 아니 특급수라고 소문이 나 있기도 했다.

겨울에는 따뜻한 수증기가 솟아올라와 차가움 대신 따뜻한 물을 제공하였고, 여름에는 냉기가 올라 차가워 냉장고에서 금방 꺼낸 물처럼 시원했기 때문이다.

하지만, 그 깊은 샘물을 청소하는 것이 문제가 되기도 했다.

그렇지 않으면 이끼가 생겨나서 샘물을 온통 이끼로 흐리게 하기 때문이었다. 그럴 때마다 동네 부녀회에서 젊은 청년들이나 아저씨들을 불러 모아 우물물 청소를 부탁하곤 했었는데, 그 우물물을 청소하는 날이면, 동네는 떠들썩했고, 마을은 정말 축제분위기로 즐거웠다.

그뿐인가. 여름 밤 늦은 시간에는 개구쟁이 사내아이들이 모여 등목을 하기도 하고, 자두와 수박서리를 해서, 우물물에서 씻다가 들키기도 해서, 혼쭐이 나기도 한 그 우물은 참으로 사람들의 많은 사연과 비밀을 가지고 있다.

그렇게 유년 시절을 행복하게 지냈지만, 무심하게도 그 마을에 찾아가는 일은 쉽지가 않았는데, 친정어머니의 인생 소풍을 마치는 날 그 마을을 다시 찾게 되었다. 동네의 모습은 많이도 변해 있었고, 젊은 청년들은 도회지로 떠나고, 이젠 고향을 지키는 일은 나이 많은 어르신들의 차지가 된 셈이다. 그래도, 동네를 휘돌아 싼 푸른 대나무 밭이며, 동네 입구 아름드리 정자나무는 여전히 고향을 지키며, 고향을 찾는 이들을 반겨 주었다.

반가워 나무를 만지며 안부를 물었더니, 나무도 나이 탓인지 기억을 찾느라 한참을 헤매는 양싶다. 그러고 보니 세월은 많이도 흘렀다.

문화의 변화에 따라 우물은 큰 시멘트 뚜껑으로 덮여질 수밖에 없었지만, 지속적으로 물이 솟아 나오기에 그 샘을 메우지 못하고 동네의 농수로 사용되고 있다고 한다.

아직도, 우물은 마을 사람들 삶의 젖줄 역할을 하고 있으며, 우물은 고향의 어머니 품 같은 사랑이자 희망이다. 때때로 고향과 우물물을 생각하기도 하고, 내 유년 시절을 떠올릴 때면 눈물이 핑 돌 때도 있고, 피식 웃음이 피어오를 때도 있다.

언제나, 눈을 감으면 보이는 고향은 모두 정답기만 하고, 우물은 내 어머니의 품이며, 삶의 여백이고, 내 인생의 아름다운 추억을 고스란히 묻어놓은 풍경이다.

편지

문예지에 글이 실린 후 익명의 편지가 외국에서 또는 국내 생면부지인 이들에게서 왔다. 안부를 묻는다든가 하는 일반적인 절차가 생략되어있다.

내 근황을 알고 있다는 의미로 해석해야 된다. 발신인을 숨길 만한 내용이 있는 것은 아니다. 약간의 칭찬을 덧붙여 책을 늘 가까이 두겠다는 말로 궁금증을 숨겨 놓았다.

책을 읽다보면 나도 편지를 보내고 싶을 때가 있기는 하다. 공감이 일 때도 그렇고, 무언가 잘못 알고 있다는 생각이 들 때도 그렇고, 힘내라는 말을 해주고 싶을 때가 그렇다. 그러나 읽을 때의 마음은 시간이 지나면 흐지부지 되곤 해서 좀처럼 잘 써지지 않는다. 펜을 들어 종이에 써야 하는 경우에는 더욱 그렇다.

난蘭잎이 엷게 그려진 하얀 종이에 약간 흘림체의 글씨가 단정하다. 사나흘 걸려 도착하는 동안 발효된 편지에는 잉크 내음과 손끝 온기가 따스하게 남아 있다. 지켜보는 사람이 있다고 생각하니 조금 긴장도 되고 여백에 담긴 마음의 결까지 읽으려 애써보며 관심을 표해주는 마음이 고맙고 감사할 따름이다. 그가 누구인들 어떠한가.

오랜만에 받은 편지가 굳어진 내 감성을 말랑하게 어루만지며 기억의 수레바퀴를 되돌린다.

문자가 향기롭던 시절, 편지지 밑장까지 쓰고 뒷장까지 쓰고 또 써도 넘쳐나던 사연들이 있던 때가 있었다. 가슴 안쪽에서 뽀글대는 무수한 말들을 백지 위에 옮기는 것만으로도 위안이 되었다. 멀리 돌아도 눈길 멈추게 하던 길모퉁이 빨간 우체통, 서성대던 그 길가에 소인처럼 찍힌 내 영혼의 발자국, 밤새도록 지우고 또 쓰며 꼬깃꼬깃 봉한 편지를 끝내 부치지 못한 젊은 날들이 있었다.

만남에는 그리움이 따라야 한다는 생각으로 내게 오는 모든 인연을 귀하게 여기던 시절이다. 꽤나 심각했을 그 까칠한 지문들이 지금은 사기 대접에 떠놓은 샘물 같은 추억으로 남았다.

편지쓰기는 늘 생활의 한 부분이었다. 어린 시절 이웃집 아주머니들이 글을 모르기 때문에 군대 간 아들에게 쓰는 편지를 그들이 불러주는 대로 받아 대필을 해주었던 적이 있었다. 힘든 군 생활에 한통의 편지는 자신을 염려하는 가족이 있다는 것으로 위안이 되었을 것이며 그들에겐 가뭄에 단비와도 같았으리라.

하지만, 편지를 호롱불 앞에서 대필해 주노라면 앞 머리카락이 타 말려 올라갔다. 그러면서도 포르르 포르르 편지를 썼던 기억이 새롭다.

나이를 먹어서는 학교 친구나 동네의 친구와 우표도 없는 편지를 주고받았다.

친구와 싸움을 하고 난 후엔 그녀 쪽에서 더 자주 편지를 우편함에 넣어두곤 하였다. 사흘이 멀다고 만나는 사이였지만 그때는 전화가 있었던 것도 아니기에 잠시 뒤에 만날 것이면서 편지를 가져왔고 돌려 읽는 책 속에도 편지는 늘 꽂혀 있었다. 아이들의 도시락이나 남편의 여행가방 속옷 사이에, 생일선물에 끼워 넣는 조금은 계산된 편지와는 사뭇 다르게 재미가 있었다.

지금 생각해보면 풋내기 소녀들이 무슨 할말이 그리도 많았을까 싶다.

좋은 문구를 만났을 땐 쭉 찢은 노트에 아무렇게나 적어 봉투도 없이 갖다 주기도 하고, 어느 날은 오다가 비를 맞았는지 쭈글쭈글한 재생 종이에 잉크가 번져 있기도 했다. 빨간 볼펜으로 휘갈긴 6촌 언니는 문종이 반절에 긴 편지를 써서 보냈다.

십수 년이 지난 지금까지 다 해독하지 못했지만, '너 요즘 무슨 책 읽고 있냐?'라고 첫 문장이 시작되는 그녀의 편지는 느슨하게 살고 싶은 나를 수시로 자극하기도 했다.

사실 우리가 주고받은 편지는 수신인이 딱히 그녀이거나 내가 아니어도 무방한 내용이다. 내면을 찾아 올린 독백이었다. 생의 이름에 대하여, 박제된 감성과 시시한 보통의 삶에 대하여, 꿈꾼다는 속내를 그런 식으로 토해내었다.

작지만 가슴속 허무를 메우는 작업이었으며 자기 연민에 함몰하지 않으려는 방편이기도 했을 게다.

나도 그 언니에게 보낸 편지가 어떤 내용이었는지 기억나진 않는다. '우리는 나이를 먹지 말고 포도주처럼 익자'던 그녀의 도전적 삶이나 세상을 겨누는 번뜩이는 시선에 편승하고 싶은 욕심은 있었다. 그녀도 내가 있어 고맙다고 하던 것을 생각해보면 우리는 서로에게 사고의 반려자가 아니었나 싶다.

젊은 날의 편지가 누군가를 향해 화살표를 띄운 그리움이었다면, 중년의 편지는 의식의 자폐에 감금되지 않으려고 자기 안으로 내린 두레박인 셈이다.

속엣것들을 방목함으로써 대부분의 여성들이 겪는 갱년기의 고비도 수월하게 넘어오지 않았나 싶다.

뜻밖의 편지 한 통으로 나는 다시 편지가 쓰고 싶다. 누렇게 빛바랜 편지 묶음을 풀어 몇 개의 주소를 골랐다. 편지란 자신의 마음을 봉송封送하는 일이며 정情 나눔이다. 받는 이에게도 쓰는 이에게도 위안이 된다. 아직도 가슴에 남아 있는 이가 있거나 부치지 못한 편지를 쓰고 있다면 용기 내어 몇 줄의 글이라도 보내 보면 어떨까. 자신을 기억하며 편지를 쓰는 사람이 있다는 것, 그것만으로도 마음이 따스해지지 않을까 싶다.

기다림

달맞이꽃이며 부들과 망초 꽃도 채 잠에서 깨어나기 전 이슬 머금은 풀잎을 헤치고 어젯밤 남편이 준비한 새우 망과 그 속에 떡밥(멍멍이의 고급사료)을 조그마한 주머니에 담아 준비한 것을 가지고 임실 신평 저수지에 갔다. 저수지 언덕 쪽에 드문드문 사각 새우 망을 놓고 좀 멀리 저수지 안쪽으로는 초롱처럼 생긴 사각형 망을 던져 놓은 후 작은 숲 속에 앉아서 밀린 이야기를 나눴다. 대화 도중 짤막한 우화를 이야기했다.

어느 날 예수님께서 한적한 산길로 접어들어 깊은 생각에 잠기고자 했다.

그런데 개구리란 녀석이 어찌나 시끄럽게 울어대는지 도무지 생각할 여백이 없기에 예수님께서 개구리에게 한 말씀 던졌다.

예수님: 어, 거기 입 큰 녀석 조용히 좀 하지?

개구리: 하마를 쳐다보고 더 큰소리로 울어댄다.

예수님: 어, 거기 입 크고 눈 큰 녀석 조용히 좀 하지?

개구리: 악어를 쳐다보며 더 크게 울어댄다.

예수님: 어, 거기 입 크고 눈 튀어나오고 배 불뚝 나온 녀석 조용히 좀 하지??

개구리 : 눈물을 뚝뚝 흘린다.

예수님 : 이제야 자기에게 한 이야기를 알아들은 모양이군.

예수님 : 측은히 여겨 묻는다. 왜 우는가?

개구리 : 붕어가 저에게 하는 말인지도 모르고 입은 뻐끔 뻐끔 눈은 깜박깜박 하며 꼬리를 살래살래 흔드는 모습이 너무 불쌍해서요.

웃을 수 있는 우화이지만, 다시 한 번 생각해야 하는 주제가 있는 이야기이다. 주제파악을 해야 한다는 것은 무엇일까를 진지하게 이야기 하는 시간이었다.

저수지에 던져진 사각 망은 1시간이 지나야 모여든 새우를 건져 올릴 수 있다. 오래전 시어머니께서 민물새우를 시장에서 사오셨다. 그 새우를 무 시래기에다 된장을 넣어 지져 먹게 되었는데 어찌나 맛이 있던지 누군가 더 먹을까 봐 눈치 보며 정신없이 먹었던 기억이 있다. 그 추억을 새롭게 찾아보기도 하고 간만에 시골 풍경을 돌아보며 가을을 준비하자는 심산이었다.

8월 중순 매미는 단음으로 줄기차게 울어댄다 맴 맴 맴 매~~ 엠!

그는 7년 동안 땅속에서 이날을 위해 준비했기에 열심을 다해 목청을 돋운다. 올해는 하루도 거르지 않고 내려진 장마이었기에 능력을 발휘하지 못했을 터~~그는 생이 남아 있을 날이 그리 멀지 않았음을 이야기한다.

열정적인 매미의 이야기를 들으며 주변 경관을 둘러보니 저수지의 모습은 산 그림자를 꼬~옥 안고 있다. 푸른 물빛의 저수지나 산의 푸른빛이 너무도 닮았다

맑아 드러난 모습이 사랑하는 여인의 모습이다. 유유자적 자연의 그림 한 편을 감상하니 또 내 앞의 나무에 시선이 꽂힌다. 입추도 지나고 말복도 지난 덕분인지 상수리나무는 벌써 손톱만 한 열매를 가슴에 품어 안아 충실히 키워내고, 은행나무도 자란 키만큼 튼실한 열매를 가슴 가득 안고 있다.

아~ 이제 알 것 같다. 낚시하는 분들이 사람들의 발길이 닿지 않는 곳 후미진 곳에서 자리를 잡고 낚시를 하는 이유를. 고기를 잡기보다는 자연이 주는 아름다움을 찾게 되는 것이 고수로 가는 길임을 깨달으며 상념의 세계로 떠난다.

10여 년 전 아이들을 키울 때 그들이 감기로 심하게 고생한 적이 있다. 난 어찌할 바를 몰라 하면서 발을 동동 구르며 밤을 지새웠다.

이제는 그들이 장성하여서 자기들의 일들을 잘 감당해나가니 직장생활하는 엄마의 마음은 미안하기도 하고 때론 감사할 뿐이다.

무처럼 새우를 잡는다는 명목으로 시간을 내어 세월을 낚아 올리니 기다림이라는 것은 더 많은 것을 이루어내기 위해 인내하여야 하며, 먼 미래를 보게 하는 기회가 아닐까 싶다. 이성부 시인은 「봄」이라는 시에서 이렇게 노래했다./

봄은 기다리지 않아도 오고 /기다림마저 잃었을 때에도 너는 온다/ 라고. 그렇다. 세월은 흐르는 물처럼 자연스럽게 우리가 원하든 원하지 아니하든 찾아온다. 때문에 이왕이면 실생활에서 참되고 보람된 멋진

삶을 살아야 하지 않을까? 새우는 우리의 생각대로 많이 잡히지 않았다.

하지만, 나눔의 기쁨으로 함께할 대상들을 떠올리면서 서둘러 일찍 귀갓길에 오르니, 계절의 변화는 어찌할 수 없음인지, 고추잠자리와 가을의 전령사들이 저수지 언덕을 뛰고 날아오르며 맴돈다. 오늘 새우 잡는 기회를 통해서, 이미 와 있는 가을의 예고편을 접하게 되었고, 그 자연의 행복한 풍경을 선물로 가져다준 신에게 감사하며 기다림은 어떠한 것인가를 깨닫게 되었으니, 올가을은 참으로 기다려지는 계절이다.

기호식품

그해 겨울도 무척이나 많은 눈이 내렸다.

나는 고등학교 진학을 위해서 전주로 와서 학원에 다녔기 때문에 주머니 사정이 늘 여유롭지도 못했고, 그걸 아는 친척 언니는 제과 빵을 사준다고 했다.

보름달 빵과 단팥빵, 찐빵은 그래도 간간이 사먹을 수 있었지만 난 제과빵은 생각도 못했다. 비싸기 때문에 제과점을 가본 적도 없고 가면 안 되는 걸로 생각했다. 그런데 언니는 날 만나자고 했고, 난 그 제과점을 물어서 찾아갔다.

투명한 유리창 너머로 보이는 사람들의 모습은 백설공주이거나 신데렐라와도 같다는 생각으로 부러움의 대상이었는데, 난, 조심스럽게 문을 열고 들어섰다. 그윽한 향기와 맛있는 빵 냄새는 나의 코를 자극하기에 충분했다.

언니는 웃으며 날 반겼지만, 낯선 분위기도 그렇고, 제과소 빵은 엄청나게 비싸서 몇 개 먹으면 시계를 잡혀야 된다는 소리를 들었던 터라 조심스럽기까지 했다.

그날, 언니는 마음껏 빵을 많이 먹으라 했지만 떨리는 마음에 겨우 두 개를 먹고, 배가 부르다는 핑계를 댔다. 음료는 뭘로 할까 라는 물음에 괜찮다고 했지만 자꾸 마셔야 된다는 말에 "언니 마시는 걸루~~"라고 말했더니 하얀 찻잔에 검은색 차가 담겨져 나왔다. 눈치껏 언니를 살폈는데 언니는 홀짝 마셨다. 나도 어떨결에 따라 마셨는데 뜨겁고, 왜 이리 쓴 건지??

목으로 넘길 수도 없고 그렇다고 체면에 뱉을 수도 없어서 입에 담고 있다 겨우 넘겼는데, 언니는 속도 모르고 말을 건넨다. 향이 좋지? 맛있지? 난 죽겠고만, 그래도 "응" 태연한 척 고개를 끄덕였다. 커피에는 여러 종류가 있는데 자기가 즐겨 마시는 커피가 모카커피라고 긴 설명을 했다.

나는 무슨 말인지는 모르지만 모카라는 이름을 알게 되었다. 그 뒤 나는 그때 일을 생각하면 창피하기도 하고 그렇게 커피가 좋은 건가 하는 의문을 가지면서 혼자 커피 마시는 연습을 많이 했다. 마시다 보니 담백한 커피의 맛에 적응도 되고 커피 종류도 많이 알게 되었다. 그래서 친구들 모임에서나 다른 모임에서 제법 커피에 대해서 아는 척을 하게 되니 커피 킬러라는 닉네임이 붙여졌다.

마실수록 혀끝에서 맴도는 향기로운 향의 그윽함을 알게 되었고, 무엇보다 깔끔한 뒷맛에 깊음이 깃들인 의미를 알아내게 되었다.

그 덕분에 결혼 전에는 분위기 좋은 커피숍과 커피는 종류대로 다 마시고 다녔으니 괜한 취미로 시간과 돈을 낭비한 셈이다.

그러나 나는 그때의 일을 기억하면 그래도 기분이 좋아지고, 지금은 어디에 가도 분위기에 맞는 커피를 선별하여 마신다.

직장생활을 하는 나에게는 출근해서 하루 시작 전 마시는 커피는 블랙커피, 점심 후엔 양촌리커피(이는 졸음퇴치에도 제격), 퇴근 전쯤에서는 연하게 맥심커피 몇 알을 음료처럼 마시고 나면 속에 쌓여 있는 잔여물과 피곤까지 씻어내는 듯해서 기분이 맑아지기까지 한다.

주말에도 대청소를 마치고 나서 마시는 진한 커피 한 잔은 잔잔한 기쁨과 평안함까지 들기도 하고 작은 행복감을 느끼게도 된다. 등산이나 쇼핑을 나설 때에도 피로회복제처럼 마시고 나면 몸이 훨씬 가벼워지기까지 한다.

늦은 저녁 시간에도 여유가 있을 때에는 커피 한 잔으로 남편과 함께 아이스크림을 떠서 그 위에 얹어 놓으며 잔잔하게 퍼져나가는 모습을 보며 새로운 여유를 찾기도 한다. 마시는 순간에도 윗맛은 차갑고 아래 맛은 뜨거우니 커피맛이 늘 새로움을 느낀다. 자주 커피를 마시다 보니 커피맛도 맛이거니와 찻잔에 따라서도 맛이 새로운 듯하여 분위기를 위해서 찻잔을 자주 사들이곤 한다.

이제, 나에게 있어서 커피는 좋은 친구가 되었고 갈색 커피의 향기로운 향이 내 마음속에 늘 촉촉이 찾아들고 그로 인해서 내 삶은 늘 긍정적이며 감정보다는 이성적인 생각으로 작용하여 넉넉함과 풍요로움으로 살아가는 듯 싶다. 때때로 생활 속에서 힘든 일들을 만나게 될 때도 차 한 잔의 온기를 통해서 잠깐의 시간이지만 차를 마시는 그 순간이 나를 포근함과 온유함으로 마음을 달래기도 하며 향기로운 향으로 내 마음을 추스르는 작용을 느끼게 되니, 커피는 정말 나에게는 없어서는 아니 될 좋은 친구이자 삶의 일부분이다. 언제나 커피 한 잔을 내 앞에 놓으면 부자가 된 듯하고 귀족이 되기도 하며 여인천하의 왕이 되기도 한다.

간간이 커피 향기로 인해서 먼 잃었던 전설 같은 이야기들을 되살려 내기도 하고, 그 향기를 맡고 있으면 커피를 처음 만났던 설렘이 생생하게 떠오르기도 하며, 커피 때문에 일어난 에피소드가 참 많이도 생각난다. 오래전 친구가 나에게 들려준 커피 이야기로 해서 배꼽이 어딨냐 하기도 했었던 이야기를 생각해본다.

시골 어느 노부부에게 아들이 하나 있었다. 그 아들이 월남으로 군대를 가게 되었는데 아들이 노부부에게 선물을 보내왔다. 글을 모르는 분들이라 아들은 그림으로 마시는 설명을 그려 보내게 되었는데, 그 마을에 무엇이든지 잘 아는 지혜로운 박사 할아범이 해석하기를 대접 위에 종이를 놓고 물을 부어 마시라고 했다. 맛을 보니 쓰디쓴 것이 영락없는 보약이다. 할아범은 미제보약이라고 했다.

노부부는 동네 사람들을 다 불러 모아놓고 커피를 한 솥 가득 끓여 한 사발씩 마시라고 했다. 미제보약이란 말에 동네 분들은 한 그릇씩 다 마시고 돌아갔다.

그날 밤, 무슨 일인지 동네 분들 모두가 늑대 울음소리를 들으며 꼴딱 밤을 새고 닭 홰치는 소리를 눈뜨고 들을 수 있었다고 한다.

그로부터 열 달 후 첩첩산중의 조그만 마을에는 집집마다 생일이 같은 아기들의 울음소리가 터져 나왔다고 하는 이야기를 들었다. 그 이야기가 간간이 생각날때마다 미소 한 점을 피워 올리는 행복이 있어도 즐거움이 동반되기도 한다.

창밖에는 봄날씨 답지 않게 비가 내리고 을씨년스럽다.

3월에 장독을 깬다는 꽃샘추위가 다시 찾아와 세상은 하얀 눈꽃이 탐스럽게 피어 있어 아름답기도 하고 한 폭의 수묵화를 펼쳐 놓은 듯 멋진 풍경이 영화의 한 장면들을 연상하게 한다. 계절적으로 먼저 꽃 피운 나무에게는 애석하기도 하겠지만 먼저 핀 꽃들은 의연하게도 더 짙은 향기를 피워내고 있다.

지금 한 잔의 커피는 그윽한 향기로 온 방 가득히 향기를 피워 올리고, 새하얀 김은 모락모락 피어 내 마음 구석구석을 온기로 채워주고 있다.

이렇게 눈이 내리는 날 한 잔의 커피는 내 몸을 온기로 녹녹하게 데워 주어서 좋다.

더불어, 요즘 커피가 여러 성인병까지 예방한다는 소식이 있기에 난 더 커피를 사랑할 수밖에 없다. 난 이 커피 향기로 늘 행복을 건져 올리는 행복한 사람으로 살아가며 커피의 향내처럼 향기로운 사람으로 거듭나야 함을 생각하며 명상에 잠긴다.

깨진 꽃병

신록이 꽃보다 아름다운 계절 오월이다.

올해는 그 어느 때보다도 날씨에 변덕이 심했던 기후였지만, 그래도 삼라만상의 모든 생물들은 싹을 틔워 꽃을 피우고, 열매를 맺는 것을 보며 신의 섭리는 참으로 위대하다는 것을 자연을 통해서 배우게 된다.

그래서 성경에서는 "예수께서 저희를 보시며 가라사대 사람으로는 할 수 없으되 하나님으로는 그렇지 아니하니 하나님으로서는 다하실 수 있느니라"(마가10:28) 라고 말씀하심을 볼 수 있게 된다. 오늘은 요즘의 날씨와는 사뭇 다르게 제법 오월의 날씨답게 쾌청하다. 맑은 하늘이 보이고, 살랑거리는 실바람을 마주하니 기쁨 두 배인 눈부신 계절을 느끼기에 안성맞춤이다.

날씨 때문에 기분이 좋아지는 날. 무엇을 할까를 고민하는 찰나 따르릉 따르릉~ 여보세요?

오늘은 퇴근 후 무엇하니? 친구의 전화다. 아~~ 응. 그냥~~.

우리 집에 와서 차 한잔 마시면 어떨까?? 그래도 괜찮겠어?

그러니까 전활했지.

안 그래도 한번 가보고 싶었던 집이였는데.

성격답게 예쁘게 집을 잘 꾸미고 산다.

근데, 이게 다 뭐야. 차 한잔 마시자더니.

맛깔스러운 음식들이 식탁에 가득하다.

사실은 어제 우리 집 아저씨 생일이였어. 생각이 나길래 불렀지.

나야 감사하지만.

한참, 요것 저것을 먹다 보니 식탁 위에 꽃병이 눈에 들어왔다.

꽃은 예쁜데 꽃병이 쪼금 깨어졌다 말을 할까 말까 망설이다

친구야, 꽃은 예쁜데 꽃병이 좀, 꽃병 하나 선물할까?

친구는 웃으면서 창고 속의 보물 같은 이야길 끄집어 올렸다.

삶을 사는 게 그리 녹록지가 않지?

부모님 모시는 일과, 아이들 키우면서 부딪치는 일과 수많은 갈등 속에 살면서 힘들었음을 이야기 한다.

결혼 전, 남편이 꽃병과 꽃을 선물로 줘서 받았는데 그땐 어찌나 행복했던지.

두근거리는 마음을 어찌할 수 없어서 왔다 갔다 하다가 그 꽃병에 닿았던지 꽃병이 넘어져 그만 꽃병주둥이가 깨어졌단다.

살면서 깨어진 꽃병을 몇 번이고 버릴까도 생각했지만, 그때 그때마다 그 설레었던 추억들을 버릴 수가 없어서 꽃병을 지금까지 간직하며 살아왔다고 예쁜 고백을 한다.

때때로 삶이 힘들 때마다 그 추억들을 되살리며 인내할 수 있었던 것은, 꽃병에 대한 추억이 삶에 많은 비중을 차지하였다고. 이제 많은 인생을 살았지만 그 꽃병을 바라보면 지나간 삶을 추억하고 아니,

젊은 시절을 되돌려보는 순수함을 만날 수 있기 때문에 비록 깨어져서 볼품이 없는 꽃병이지만, 버릴 수가 없다는 것이다. 지금까지 삶을 살아가는 데 있어서 작지만 알토란 같은 버팀목이 되었던 것이다.

누구에게나 추억하는 것들이 있고, 그것들을 통해서 승화하는 삶을 산다는 것은 얼마나 소중하고 가치 있는 일인가? 소중하고 빛나는 삶은 그저 값없이 되는 것이 하나도 없다.

때문에 끊임없이 노력하고, 도전하며 아끼는 삶이어야 아름답게 빛날 수 있음을 깨닫게 하였다. 남들이 보기에는 비록 어설프고 초라하며 볼품없을지라도, 자신에게 있어서는 크든 작든 혼자만 소유하며 간직하고 살아가는 것이 얼마나 아름다운 삶이겠는가.

때로는, 그것이 물품일 수도 있고, 사람과 사람 사이의 언약일수도 있으리라. 하지만, 그에게 있어서 그 꽃병은 인생을 살아가는 데 좋은 동반자였으며 삶의 목표이자 스승이었으리라.

돌아오는 길에 생각한다. 나의 삶은 과연 무엇이 목표이며, 나를 세워가게 하는 소중한 것은 무엇이었을까??

꿀꿀이

푸른 콩잎과 깻잎을 한 소쿠리 마루에 쏟아 부어놓은 어머니는 한 잎 두 잎 깨기 시작하더니, 이내 피곤이 몰려오는지 슬며시 꾸벅꾸벅 졸기 시작하신다. 그 모습을 보고 있노라니 우습기도 하고, 짠한 마음이 생겨 나는 톤을 높여 "이거 뭐 하게?" 하니 어머니께서는 "된장에다 넣으려고." 하신다. "이 잎들을 잘 개어서 된장에 넣어 장아찌를 만들어 기름 한 방울 넣어 지져서 먹으면 여름 만찬으로는 아주 그만이다." "그럼 낼 하지. 졸면서까지 꼭 해야 돼?" 퉁명스럽게 내뱉은 말에 엄마는 졸음을 퇴치하셨는지 "오늘 안 하면 잎들이 누렇게 뜨고 질겨져서." 하시면서 말꼬리를 흐리신다.

엄마는 내 짜증내는 말에 잠이 도망갔다 하신다.

그럼 잠 쫓아준 대신 이야기 좀 해달라고 철없이 웃으며 조르니 얘기 좋아하면 가난하게 산다시더니 이내 요런저런 이야기를 하신다. 엄마 어린 시절 동네에 큰 복숭아나무가 있었는데, 그 나무가 어찌나 큰지 여름만 되면, 엄청나게도 복숭아가 열렸단다. 어른들은 밤에 모여 하늘의 달과 은하수를 감상하며, 더위도 퇴치할 겸, 정자에 모여서 이야기꽃을 피운다. 누구네 딸은 돈을 많이 벌어서 돼지 사라고 돈을 부쳐줬다는 얘기, 누구네는 아들을 낳으려고 벌써 몇 번째 아기를 가졌다는 이야기하며 산골 마을의 밤은 도란도란 복숭아를 먹으며 밤은 깊어만 간다.

동네 어르신 중에 이빨이 없어서 복숭아를 못 드시는 분이, "복숭아 를 푹 삶아서 먹으면 맛이 기가 막히게 좋다."고 하셨지만, 그 누구 하나 그 말에 신임하지 않았다 엄마는 그 어르신이 안쓰러워서 한 소쿠리 삶아다 드렸더니, 감자 껍질처럼 훌훌 벗겨서 순식간에 맛있게 드시더라고 하셨다. 이 여름 복숭아를 먹고 볼 때마다 그 오랜 세월의 시간들이 주마등처럼 스쳐 지나간다면서 낮에 따놓은 복숭아가 생각났는지 가져오라고 하더니 드시면서 혼잣말로 중얼중얼 되뇌이신다. 얼핏 보니 추억을 되찾으시는 듯 하다. '그때 그 어르신이 얼마나 드시고 싶었으면 그랬을까?' 그때 나는 그 말들이 얼마나 우스웠던지 깔깔대고 웃었다. 엄마는 다시 말씀하시면서 그래 그렇지. 넌 아직 그 뜻을 모르지?? 하시면서 그 옛날 추억 속으로 또 푹 빠져드시는 듯싶었다. 뒤곁 복숭아나무의 복숭아 맛이 어찌나 좋았던지 난 그 맛이 잊히지가 않는다.

그 뒤 남편의 모임에서 부부동반으로 여름 물놀이를 떠났다.

그 밤도 공기 청정한 곳인지라 여름이지만 푸른 하늘과 별들이 초롱초롱 유독 반짝거렸다. 밤이 무르익은 시간, 금방 삶아 김이 모락모락 피어오르는 옥수수며 불그레한 수박을 쩍 갈라놓고 먹었다. 여름엔 시원한 수박이 최고라지만, 난 붉게 잘 익은 복숭아를 깎아서 몇 개인지 정말 많이 먹었다.

다들 구수하고 쫄깃한 옥수수의 맛이 일품이라 하고, 수박이 이뇨작용에 좋으며 꿀맛이라며 먹기를 권했지만 난 안다.

복숭아의 매력을~. 복숭아는 피로회복과 노화방지, 미백에 효과가 있으며 벌레 먹은 복숭아를 먹으면 더 예뻐진다는 말을 어린 시절부터 들은 터라 즐겨 먹는 과일 하나가 복숭아다. 그렇게 그 밤에 몽땅 먹고 깊은 잠이 들었는데 아뿔사 새벽녘 원치 않은 비가 내려서 텐트까지 물이 들어오며 비 피해를 막느라 소동이 났다. 비는 냇물을 강물로 이루고 비가 차 안에까지 들어왔다.

아침이 되어서 짐을 꾸리면서 사람들은 다른 과일은 몰라도 복숭아는 밤새 물속에서 있었기에 맛이 없을 것을 예상하고 버리자는 결론이 났다.

내심 아까운 마음에 깎아서 먹어 보니, 이게 웬일인가. 어젯밤 그 맛 그대로가 아니라 밤새 더위로 더 푹 익어서 껍질이 잘도 벗겨지면서 단물이 줄줄 흐르니 수지를 맞은 사람은 나밖에 없다. 그 맛에 난 매료될 수밖에 없다. 내가 좋아하는 과일은 복숭아가 으뜸이며, 은연중 가족들에게 친지들에게 자연스럽게 권하며 선물로 드리게 된다.

가족들은 복숭아털이 몸에 닿으면 가렵다면서 절대적으로 싫다고 펄쩍뛰며 거절하더니, 자주 먹게 되는 나의 덕분인지 가족들도 언제부터인지 자연스레 깎아서 내게 되면 마파람에 게 눈 감추듯 한 접시는 온데간데없이 사라지게 된다. 특히 황도는 둘이 먹다 하나가 죽어도 모를 지경이라는 말까지 하는 걸 보면 어느 때부터인지 과일의 진품을 알게 되었다는 걸 알 수 있다. 과일 중에 황도가 제일이라고 하면서 은근히 나의 눈치를 보며 너스레를 떨며 황도를 찾고, 이젠, 은근히 나보다도 더 좋아하는 과일로 자리매김을 했다.

매년 여름 복숭아가 출하되는 시기가 되면 난, 어린 시절로 돌아가 어머니가 더 그립다. 쓸쓸한 뒤안길에서 추억을 되짚어보면서 여름 끝자락엔 좀 못생긴 복숭아를 사다 잼과 통조림을 만들어 놓는다. 그래서 눈 내리는 겨울에 구운 식빵에 발라 먹기도 하고 ,아이들에게 손님 접대용으로 통조림을 간식으로 내놓게 되니 복숭아 덕분에 난 어쭙잖게도 살림 잘하는 얌전쟁이로 평가받기도 한다. 언니들과 친구들에게 좋은 선물로 사용하기도 하는데, 아들과 남편은 그렇게 먹는 걸 즐기는 나를 꿀꿀(애칭)이라고 부른다.

올해는 104년만에 가뭄이라고 한다. 그 덕분에 농민들에겐 미안하지만, 복숭아 맛은 말할 나위 없이 꿀맛이다. 난 어느새 어린 추억속으로 달려가 그 옛날 마루에서 콩잎과 깻잎을 한 잎 두 잎 개면서 들려준 어머니의 이야기가 떠올라 눈물이 핑그르르 돈다. 그 할아버지는 먼 미래를 내다 보시는 선견지명자였음을 다시 한 번 생각하니 배시시 미소 한 점이 올라온다. 띵동 소리에 깜짝 놀라 내 추억은 달음질쳐나가고, 남편은 달콤한 향내가 물씬 풍기는 복숭아를 한 상자를 들고 들어온다. 뜻하지 않은 선물에 추억이 서럽고 고마움이 뒤섞이게 되었지만 난 행복했던 추억이 많은 사람이니 행복한 사람이지 않을까? 오늘 밤 또 난 영혼을 살찌울 수 있는 시간이 된 셈이다.

놀이터

내가 사는 아파트에는 아주 근사한 놀이터가 있다.

아파트를 지을 당시 건물의 경계를 위해 만들어 놓은 담장을 따라 두어 길 이상 자란 동백나무를 비롯한 여러 정원수들이 제법 큼직한 그늘을 만들어 주고, 그 아래에는 철이 바뀔 때마다 장미, 개나리, 진달래, 라일락 등 꽃들이 무수히 피었다가 지곤 한다.

놀이터에는 그네, 철봉, 시소, 미끄럼틀 등이 저마다의 모양과 색깔로 아이들을 유혹하고 있지만 아직은 초봄이기에 아이들이 뜸했는데 봄이라고 하나, 둘 모여들더니 제법 시끌벅적한 소리가 싱그럽기까지 하다. 이이들은 언제나 놀이시설을 서로 차지하려는 듯 함성을 질러대며 이리저리 뛰어 다닌다.

그네를 빼앗기지 않기 위해 잡고 우는 아이, 철봉에 매달려 바지가 내려간 아이, 미끄럼틀을 타고 내려와 엉덩방아를 심하게 찧는 아이, 엉덩방아 찧은 아이를 보며 박수를 치며 낄낄거리며 웃는 아이, 좁은 놀이터 놀이 기구 사이로 축구공을 모는 아이, 미끄럼틀 옆에 쪼그리고 앉아 작은 나뭇가지로 무언가를 열심히 그리고 있는 아이 등 저마다 다른 모습과 놀이로 분주하다.

어느 아이 할 것 없이 그들만의 놀이에 모든 것을 잊은 채 아이들은 손발도, 입고 있던 옷도 신발도 모두 모래와 흙투성이가 되어 버렸다.

그러나 놀이터의 평화가 언제까지나 그렇게 계속되지는 않았다.

놀이터에 아이 엄마로 예상되는 한 여인이 나타났기 때문이다.

"하라는 공부는 안 하고 왜 여기서 흙장난을 하고 있어, 얼른 안 들어가!"

아이 엄마는 땅바닥에 열심히 그림을 그리고 있던 아이 손목을 낚아채고는 엉덩이에 묻은 흙을 털어내는 건지 아이를 패는 건지 도무지 알 수 없는 행동을 하고는 놀이터가 떠나갈 듯이 큰소리로 꾸중을 한다.

아이는 끝내 아무런 말 한 마디 못 하고 엄마 뒤를 종종걸음으로 따라간다.

놀이터에 남아서 놀고 있던 아이들은 저마다 서로의 얼굴만 멍하니 쳐다보고 있고, 잠시 놀이터는 불안과 초조의 기운이 감돈다.

그렇지만 금세 아이들은 언제 그런 일이 있었냐는 듯이 조금 전의 일들을 까맣게 잊어버리고 그들만의 놀이에 다시 빠져든다.

놀이터에는 다시 함성이 들린다.

나는 아파트 베란다를 통해 놀이터에서 벌어지는 일을 한참 동안 눈여겨본다. 몇 명의 아이들이 땀을 흘려가며 놀고 있는 놀이터!

그 놀이터 주변이 언제부터인지 아파트 지역 주민들의 주차 공간으로 탈바꿈을 시도하고 있다. 아이들은 이제 머지않아 지금 놀고 있는 놀이터의 반도 안 되는 공간으로 밀려날 것이 불을 보듯 뻔하다. 언젠가 TV에서 아이들이 놀고 있는 공간이 조금씩 사라져 감을 암시하기 위해 놀이 공간에 검은 그림자가 세력을 넓혀 가던 공익광고가 순식간에 내 머릿속을 스치고 지나갔다.

지금 우리의 아이들은 그네들 본연의 모습과 삶은 잃어버린 채 학교에서 돌아오면 학교에서 내어 준 숙제를 하고 학습지 공부하고, 피아노, 그림, 태권도, 바이올린 등 몇 군데 학원에 가야만 한다.

그중에는 이것으로도 모자라 집에서까지 과외 선생님과 머리를 맞대고 고액 과외를 받는다.

현재의 아이들은 그 옛날의 아이들의 모습과 너무나 달라 있는 게 현실이다. 언제부터인가 아이들은 운동장이나 놀이터에서 뛰어 놀기보다는 컴퓨터나 TV에서 나타나는 폭력물이나 음란물에 길들여 있고, PC 게임에도 깊이 중독되어 가고 있다.

나는 이러한 우리의 아이들을 바라보고 있노라면 실로 안타까운 마음을 금할 수 없다. 세월이 아무리 흘렀다고 하지만 내 유년 시절은 적어도 동네 회관이나 학교 운동장을 늦은 밤까지 마음껏 뛰어다녔고, 학교 수업이 끝난 후면 또래 친구나 언니, 동생 할 것 없이 삼삼오오 떼를 지어 다니며 숨바꼭질, 달리기, 땅따먹기, 고무줄놀이 등으로 사시사철 철가는 줄 몰랐다. 시냇가에서 옷 젖는 줄 모르고 물장구를 치고, 도랑에서 비꾸라지와 돌무더기를 들어 가재를 잡던 일들은 이제 더 이상 아이들의 관심사가 아닌 먼 옛날의 이야기로만 들리지도 모르겠다.

그렇다면 이 아이들이 자라서 어른이 되면 과연 어떤 추억이 있을까? 놀이터가 줄어들면 이 아이들은 또 어디로 가야만 할까?

왠지 모를 답답함으로 내 가슴은 터져 버릴 것만 같았다.

별안간 나는 두 아들 녀석을 아파트 문밖으로 떠밀어내며 소리

질렀다. "얘들아! 밖에 나가서 운동도 좀 하고 놀고 싶은 대로 마음껏 뛰어 놀다 오너라." 그리고는 혼자 중얼거린다. '까짓 거, 옷을 버리면 어떻고 흙을 좀 먹은들 어떠냐. 니들 마음껏 소리치며 울고 웃고 떠들어라.'

오는 주말에는 내 소중한 두 아이와 함께 오묘한 대자연의 숨결을 느끼기 위한 가을 산행을 떠나야겠다.

어린 시절 추억

처서도 지나고 8월의 끝자락 가을의 문턱에 들어섰다고는 하지만, 아직 바람결엔 습기가 배어있어 창문을 닫기는 이르다. 그래서 그런지 창틈으로 들려오는 귀뚜라미 소리는 더 또렷하고 저녁달도 우리의 방을 슬며시 들여다보기 일쑤이다. 8월의 저녁달빛 때문에 눈은 감았지만 잠은오지 않고 뒤척이다보니 어린 시절의 추억들이 스멀스멀 다가온다.

친구들과 대낮에 온 들판을 쏘다니기도 했고, 땅따먹기와, 고무줄 놀이에 열중하느라 많이 피곤했기에 밤이면 세상 모르게 잠에 곯아떨어졌으리라.

그런데 어린 시절 꿈이라는 것이 다 그렇겠지만 대부분 높은 산에서 뚝 떨어지는 일과 시퍼런 강물이 내려다보이고 천 길 낭떨어지에서 떨어지는 무시무시하게 오금저리는 것들이 대부분이다. 그런 꿈을 꾸는 날이면 온몸이 땀으로 흥건하게 젖기도 했지만, 이불 위에 지도가 그려지는 날도 있었다. 그런 날이면 양심에 찔려서 자다가도 벌떡 일어나 윗목 구석에 쪼그리고 앉아 졸았다. 그다음 날 아침이 오면 어머니께서는 이불을 줄에 내다 널으시면서 무슨 난리라도 난 것처럼 야단을 치고 나서 내 키보다도 더 큰 키를 머리 위에 면류관처럼 씌워주시면서 옆집에 가서 소금을 얻어오라고 명령했다.

어린 마음이지만 정말 창피하고 싶었다. 하지만 지도를 그린 죄인이기에 아무 말도 하지 못하고 옆집 사립문 앞에서 서성이고 있노라니 때마침 옆집 아저씨는 새벽 일찍 논일을 마치고 돌아오시 다가 날 보시고 반갑게 어서 들어오라고 재촉하곤 했다.

그럴 때면 내 속마음은 쥐구멍이 어딜까 생각했고 괜시리 내 서러움에 북받쳐 울기도 했다.

그럴 즈음 부엌에서 밥을 짓는 아주머니께서 꼬마 아가씨 지도를 그렸군 하면서 놀리고 나서 소금 한 되박을 주곤 했는데 그렇게 놀림을 당해야 다음부터는 지도 그리는 일이 생기지 않는다는 전설이 있다고 어머니는 말씀하셨다.

그뿐인가? 어른들이 먼 거리 출장이라도 가는 날이면 동네 친구들을 다 불러모아서 오늘 밤엔 우리 집에서 잠을 같이 자자고 다짐했고, 그런 날이면 친구들과 함께 낄낄거리며 밤을 새우게 되었는데 꼭 화장실 가는 게 문제가 되곤 했다. 그때만 해도 화장실에 가려면 뒤꼍으로 돌아서 화장실을 가야 했고 요즘같은 수세식이 아니라 무섭기도 했다. 화장실에서 일을 다 보고 일어날 때면 빨간 손과 흰 손이 변소에서 쑥 나온다는 정말 기겁할 만한 전설 같은 이야기가 나돌았기 때문에 그 뒤꼍 화장실까지 가기가 무서워 마당 옆 거름무더기에 뺑 둘러 앉아 볼일을 보곤 했다. 누군가 화장실 이야기를 하면 갈 맘이 없지만, 괜시리 쭈욱 따라나서야 하는 실정 이었다. 그래서 난 항상 친구들보다 먼저 일어나 친구들을 쳐다보곤 했는데, 보름날 밤이면 친구들의 엉덩이가 더 또렷이 보였고 둥근달 덕분에 엉덩이가 하얬으며, 그 모습은 사랑채 지붕 위에 둥근 박처럼 보이기도 했다. 서로들 그 이야기를 하면 배꼽 빠지겠다고 아우성을 하면서 뒹굴었던 생각이 새롭게 찾아든다.

그뿐인가?

빵집을 하는 곱분이는 빵을 많이 먹으려면 방법이 있다고 귓속말을 했는데, 쌀 방아를 찧는 날 비닐봉지에 쌀을 조금씩 담아 자기 집에 가져오면 빵을 많이 먹을 수 있다고 했다. 엄마가 계시지 않는 날 광에 들어가 쌀을 퍼낼 생각으로 단지를 다 열어보아도 가득 채워진 단지들 뿐이라서 엄마가 야속했고 못내 서운한 마음에 짜증스러웠던 일도 있었다. 지금 생각해보면 그 친구는 아버지가 계시지 않았기에 생활이 어려웠을 것이며 그 덕분에 일찍 철이 들었지 않나 싶다. 지금은 그 친구들이 모두 어디서 어떻게 살아가고 있는지 궁금하기도 하고 친구들이 많이 보고 싶다.

어린 시절 그렇게 철없었던 우리가 어느덧 자라서 중년 아주머니가 되었고 어린 시절의 추억을 꺼내보면서 그리워하고 추억하는 세대가 되었으니 세월은 참으로 빠르다.

오늘따라 유난히 달빛이 밝은 것은 나의 지나온 시절을 한 번 되돌아 보며 별을 보고, 달을 보며 미래를 꿈꾸던 어린 시절 반추해 보라는 의미 같다. 이 밤 달빛을 통해서 어린시절을 추억하며 앞으로의 삶을 어떻게 가치 있게 살아가야 할 것인지 계획하며 나를 성찰하라는 뜻인가 보다.

여름 피서 방법

삼복 더위를 피해서 여유가 있는 사람들은 산으로 들로 바다로 경쟁하듯 떠난다. 거기에는 아이들의 성화에 못 이긴다는 핑계나 아이들을 위한다는 뜻이 내포되어 있기도 하고 남들 다 가는 피서를 왜 나는 못 가냐는 듯 며칠씩 틀에 박힌 일상을 벗어나고 싶다는 이유를 내걸면서 많은 사람들은 낭비벽에 걸린 듯 집을 떠나곤 한다.

그러나 이런저런 이유로 부풀어서 떠난 휴가에서 돌아오는 모습은 파김치다. "집이 제일 좋아." 라는 말을 입버릇처럼 하는 모습을 종종 보게 된다. 너무도 상식적인 결론이 아닌가? 집 떠나면 고생이고, 고생하는 며칠 동안 피로가 쌓이게 되니 그 피로를 갖고 돌아올 수밖에.

말이 좋아서 피서지 피서야말로 더위와 정면으로 싸운다는 뜻이 아니겠는가. 성난 불볕을 온몸으로 받아내면서 몸을 단련하고 마음 또한 단련시키는 고된 대결행위가 곧 피서가 아닐까싶다.

우리 삶은 끊임없이 자연과 대결하고 투쟁하는 과정이고 이런 투쟁을 통하여 자연을 보다 더 잘 알고 그래서 자연을 이기고 이용할 줄도 알게 되는 것 아니겠는가. 이런 의미에서 어떤 방법으로든 자연현상인 복

더위와 대결하는 경험은 인간의 심신을 강하게 성숙시켜 주는 방법이 될 것 같다.

사람들 삶 중 첫째로 꼽는 것은 먹는 즐거움이다. 다음으로는 생각하는 즐거움이며 세 번째로는 자연과 만나는 즐거움이라고 말한다. 남들이 하니까 나도 한다는 식으로 집을 떠나 산과 바다로 피서가는 것도 좋겠지만 특별한 이유가 아니라면 조용하게 집에서 책을 읽으며 남과 다르게 더위와 싸우는 것 또한 현명한 피서법이 될 수도 있을 것 같다.

태극선을 펴들고 모기를 쫓아가며 바빠서 읽지 못했던 몇 권의 책이라도 탐독하며 심신을 단련하고 성숙시킨다면 얼마나 값진 피서의 효과를 얻을 수 있겠는가?

독서를 통해서 간접적인 경험은 우리로 하여금 삶과 죽음, 사랑과 증오, 우정과 신의와 배신, 성공과 좌절 등에 대한 통찰력뿐만 아니라 인내심을 길러준다.

또한 이런 인생에 대한 자기 나름의 비판적 안목과 생산적 안목까지도 키워주지 않을까. 밤새워 입시 공부를 해본 사람만이 입시가 인생에서 어떤 유익한 가치를 행사하며 또한 어떤 무가치한 짓거리인가를 잘 알 수 있으리라. 밤 새워 어느 작가의 사상과 대좌하여 그의 책을 탐독해 본 사람만이 인생의 희극과 비극이 갖는 의미와 무의미도 터득할 줄 안다.

책을 통하여 어느 작가의 사상을 줄기차게 물고 늘어져 보지도 않았으면서 밤새워 입학시험 공부도 하며 그의 젊은 한때의 시절을 송두리째 바쳐 본 적도 없으면서 입시공부의 무가치를 함부로 운운하며 논하고 한 작가의 사상을 단적으로 얘기할 수 있겠는가?

우리의 육체가 성장하려면 폭식이라 표현할 정도로 탄식하는 한때를 반드시 거치게 마련이다. 우리의 정신력도 우리의 정서도 이처럼 그 무엇에 몰두하여 정신적 양식을 탐식하는 어느 한때를 반드시 거쳐야만 폭 넓고 깊이 있는 인품의 터전이 마련되는 것이다.

비극의 끝 간 데를 쫓아 가보지 않고 어찌 자신의 슬픔이 제일 아픈 비극적인 삶이라고 단언할 수 있겠는가. 작가들이 그리는 숱한 비극의 끝을 따라가 보고 나서 살아갈 자신과 삶의 가치를 발견해 볼 직도 하지 않겠는가.

저 뙤약볕에 혼신의 노력을 다해 먹이를 옮겨가는 개미 떼의 비극이 목숨 가진 우리에게도 뭔가를 깨우쳐 준다는 마음의 눈이 떠질 때 생명의 가치까지 알게 된다.

책은 책으로부터의 길을 만든다. 그 길을 따라 가보자.

이 삼복더위에 마음의 여유를 가지고 세숫대야에 발을 담그는 대신 앞뒤 베란다 문을 활짝 열어젖히고 에어컨 바람 대신 창틈으로 불어오는 바람을 맞이해보자. 간간이 어린시절 찬물로 등목을 하던 때를 생각하며 그 시절을 떠올려보기도 하고, 수박 한 통 쪼개놓고 동서고금의 사상가들을 만나고 그들이 고발하고 그들이 제시하는 수만 가지 비극과 수만 가지의 삶에 울고 웃는 가운데 피서를 하는 것은 얼마나 색다른 여유가 있는 것인가.

고막 찢는 고성방가에 모기에게 헌혈하며 잠까지 설치다 돌아오느니, 신선처럼 한 권의 책을 읽으면서 여름 피서 기간 동안 몇 밤을 지새우며 생각하고 반성하며 자기 성찰을 통해 여유 만만한 시간을 가져 보는 것 또한 값지고 멋진 피서가 되지 않을까.

3부

대청봉을 오르며

400리 꽃길 | 겨울 철새 고니 | 구절초 | 논개의 생가 |
늦가을 정취 경주 | 대청봉을 오르며 | 비 내리는 소록도 |
숲이 좋은 산길 | 섬진강의 봄소식 | 순천만 국제정원박물관 탐방

400리 꽃길

높푸른 하늘에 뭉게구름이 새하얗게 피어오른다.

이 가을은 어디에 가든 가을꽃으로 천지가 뒤덮여 아름답기만 하다.

가을꽃으로 손꼽는 것은 코스모스 꽃이지 않을까? 나는 이 지역에 서 코스모스 꽃이 아름답기로 소문난 몇 군데를 찾았다.

진안 마이산은 봄부터 가꾸어온 코스모스 꽃이 광장에 피어나 저마다 예쁜 자태를 뽐내고 있다. 하얀 꽃, 분홍 꽃, 빨강 꽃이 곱게 어우러져 무도회를 하는 것 같다. 꽃들은 저마다 자기의 춤을 보아달라는 듯 실바람에 한들거리며 지나가는 길손을 불러 모은다.

이쪽에서 보면 저쪽이, 저쪽으로 가면 그 뒤쪽이 더 돋보여 멈춘 내 마음과 발길을 이리저리 이끈다.

김제로 향한다.

광활한 황금 들녘을 따라 끝없이 달려가노라면 흐드러지게 피어나는 꽃이 형형색색으로 가느다란 허리를 흔들며 줄지어 서서 환영해주는 듯한 착각이 들 정도로 펼쳐진 꽃길이 장장 400리 코스모스 꽃길이다.

휭~ 하고 지나가는 자동차의 바람결에 훅하니 쓰러질 듯해

애절함마저 주니 바라보는 모든 이들이 애정을 갖지 않을 수가 없다.

허리가 끊어질 것 같은 그 표정은 우리 모두를 어서 오라고 180도로 허리 굽혀 인사하는 모양새이다. 전국에서 최장의 이 꽃길이 지평선 축제 첫회부터 심기 시작해 이제는 시 나들목 구간과, 만경에서 진봉, 죽산 광활선 등 시 전역에 걸쳐 조성돼 있어 어느 곳에 가든 코스모스 일색이다.

지평선축제를 앞두고 막 피어오르기 시작한 코스모스는 올해 꽃 색깔이 더욱 진하고 선명해 관광객들의 찬사를 더욱 자아낼 것으로 예상된다. 시는 광활로변 모정과 심포 횟집단지, 벽골제 가는 길 등에 아기자기하게 포토존을 꾸며 놔 사진으로 고향 이미지를 담아갈 수 있도록 했다.

때문에 코스모스 꽃길을 달려가다 여러 대의 자가용이 도롯가에 멈춰서고 카메라를 든 사람들이 코스모스를 배경으로 촬영에 열중하는 모습이 좋은 작품 하나 정도는 분명히 건지려는 듯 아주 진지한 모습이다. 젊은 연인들도, 중년을 넘긴 부부들도 빼곡하다.

조금이라도 더 좋은 배경을 찾으려고 꽃 속을 누비기도 하며 마음에 드는 자리를 찾아 멋진 자세를 취하고 환하게 웃는 모습이 바쁜 일상을 잊은 듯 마냥 행복해 보인다.

코스모스 꽃에는 나들이 나온 사람뿐만이 아니라 벌과 나비도 찾아든다.

꿀을 모으는 벌들은 윙윙거리며 팔, 다리에 꽃가루를 매달아 나르느라 분주하다. 흰나비가 왔다 가면 노랑나비가 찾아들어 팔랑거리다 꽃술에 앉아 긴 대롱을 넣었다 뺐다 하며, 나를 의식하는 듯 눈망울이 동그랗다.

꿀 식사의 달콤함에 가만가만 부채질하듯 날갯짓을 하는 모습 또한 기묘하기만 하다. 코스모스 꽃에서 벌·나비가 행복하게 가을을 즐기고 있으니 잠자리 떼들도 찾아와 짝을 지어 꽃 주위를 낮게 날며 데이트에 한창이다.

코스모스 꽃이 반사되어 하늘에 수를 놓으며 코스모스 꽃이 바람에 물결처럼 일렁인다. 햇빛에 반사된 코스모스 꽃이 눈이 부시게 곱다. 우뚝 선 코스모스 꽃의 뒷면 색감은 또 다른 아름다움을 준다. 명주실처럼 가는 코스모스 잎사귀 사이로 꽃들이 하늘에 박힌 듯 투영된다. 가지 끝마다 매달린 빨강 코스모스가 파란 캔버스canvas에 수繡를 놓고 있다. 시샘하듯 흰 꽃과 분홍 꽃도 새롭게 수를 놓는다. 흐드러지게 핀 아름다운 코스모스 꽃이 내 마음에도 지워지지 않는 수를 놓고 있다.

오늘 내 좋아하는 부부들이 함께 가을나들이에서 코스모스 꽃을 즐겨 감상하며 참으로 행복해 하니, 관광객들을 위해서 수고를 아끼지 않은 기관의 관계자들에게도 깊은 감사의 마음을 전하고 싶다.

겨울철새 고니

대설주의보가 내려진 요 며칠은 찬바람이 불고 살갗을 에이는 듯한 추위가 기승을 부렸다. 먼 산과 응달은 흰 눈꽃이 겨울 풍경을 장식하고 있다.

오늘은 주말 군산 금강 철새 조망대를 찾게 되었다. 1층은 금강의 생태계를 서식지별 지역별로 보여주는 디오라마, 군산지역 철새에 대한 정보실과 120석의 영상관, 그 영상관은 금강에 서식하는 철새의 생태계를 영상물로 관찰할 수 있게 준비되어 있었다.

국제회의 개최 장소로 활용할 수 있게 시설이 되어 있으며, 2층은 계절별, 테마별 특별전시회, 조류 관련 사진, 그림, 박제 등을 전시하여 관람객에게 다양한 볼거리를 제공하고 있었다. 그 외에 학습실, 자료실 등으로 구분하였고, 9층~11층은 고배율 망원경이 설치되어 있어서 군산은 물론 충청남도까지 철새들의 장관을 한눈으로 볼 수 있게 되어 있었다.

삼 면으로 흐르는 강은 황오리, 흑부리오리, 청둥오리, 쇠기러기, 고니 외 19가지의 철새들이 삼삼오오 무리를 지어 나는 모습과 떠다니는 모습을 볼 수 있었다.

멀리 보이는 하구둑과 성산대교 부근에는 억새와 갈대가 아름답게 피어 흔들리고 있어 마치 우리 일행을 환영이라도 하는 듯 손을 흔들고 있었다. 석양 노을이 푸른 강가에 비쳐지고 잔잔하게 부서지는 금물결 또한 황홀하리만큼 아름다운 겨울 강변의 장관이었다. 한 폭의 겨울 풍경화라고나 할까 철새 고니의 수는 당초 1,200여 마리였는데 환경 오염으로 300여 마리로 줄었다니 안타깝고 아쉬움이 크다.

해마다 11월에 시베리아에서 날아와 다음 해 2월에 다시 떠난다는 큰고니, 금강하구둑에서 작은 물고기와 벼이삭을 주워 먹는다는 철새들이다. 창밖엔 겨울바람결이 차갑지만 자연 친화적인 금 강철새 조망대를 찾아 큰고니를 만나고 철새를 감상할 수 있어 즐거웠다.

철새에 대하여 생각하고 배울 수 있는 산실이어서 금강 철새 조망 대는 여간 유익한 곳이 아니었다. 이처럼 해마다 많은 철새들이 다시 찾아와 관광객들의 마음에 여유와 기쁨을 준다는 것은 고마운 일이다.

보호할 수 있는 철새지역을 만들어 천연기념물인 조류를 많이 볼 수 있게 한 것도 좋았다. 앞으로 자라는 아이들에게 자연공부를 할 수 있는 기회를 주게 되어 여간 다행한 일이 아니었다. 금물결이 온 바다에 잔잔하게 퍼지는 저녁노을을 배경으로 푸드득 무리 지어 은빛날개를 접었다 폈다 하면서 비상하는 큰고니, 석양빛을 향해 날아오르는 큰고니의 날갯짓을 보노라니 우리 전통 승무의 춤사위를 보는 듯했다.

금강의 철새도래지가 우리 고장의 인기 있는 관광지가 되기를 기대한다.

망원경을 통해서 우아한 큰고니의 나는 포즈를 보고 있으려니 눈을 떼고 싶지가 않다.

구절초

몇 년 전 주말 남편과 함께 늦은 오후 서둘러 구절초를 보기 위해 달려갔다.

잔잔한 옥빛 호수 옥정호를 지나게 되었고 도로변에는 한들한들 새하얀 구절초가 방실방실 웃으며 우리를 반겨 주었다. 가까운 산과 들엔 눈이 내려 군데군데 쌓여 있는 듯하며 언덕 위에도 산등성이에도 폭설이 내려 있는 듯해 저절로 감탄사가 터져 나왔다.

그뿐인가. 은은한 향기에 취해서 산길을 오르는 기분은 무엇에 비견할 것인가. 이 향기에 취하고 싶어서 구절초를 찾는 것이리라.

새하얀 구절초 밭 중간에 소나무와의 절묘한 풍경은 이전에도 보지 못했던 한 폭의 동양화이다. 먼 길을 마다하지 않고 전국에서 달려온 차량들이 즐비하다. 주차장이 된 도로의 길이를 가늠할 수 없이 길다. 나 역시 이 조화를 보고 싶어서 달려왔다.

바람결에 상큼한 꽃향기가 온몸에 배어든다.

산들 부는 갈바람이 옷깃을 여미게도 하지만 신선한 향기로움이 영혼을 씻어주는 듯 맑기만 하다. 구절초는 초라한 것 같지만, 은근한 매력이 있다. 그 매력에 이끌리고 있는 듯싶다. 내가 이곳에 오기 일주일 전 화려했던 구절초의 축제는 끝이 났다. 그러나 구절초의 아름다움을 보기 위해 찾아드는 관광객들이 그저 반가워 저절로 미소가 떠나질 않는다.

오늘도 좋아하는 분들과 함께 이곳을 다시 찾았고 저녁놀을 바라보며 산내면 산허리를 안고 들어서게 되었다. 차량이 밀리는 덕분에 시간은 많이도 지체되었다. 어둠이 내렸지만 구절초 공원에 들어서니 꽃빛이 새하얀 은빛의 불을 밝혀주는 양 어둠이 달아나 버리고 말았다. 그 훤한 빛이 구절초 꽃빛인지 달빛인지 분간을 할 수 없다. 어쩌면 반디불이 모여 있는 착각이 들 정도다.

구절초는 효능 또한 놀랍다.

땅속 뿌리가 옆으로 뻗으면서 새싹이 나오며 키는 50cm정도이고 뿌리에서 나오는 잎과 줄기 밑에 달리는 잎은 날개 깃처럼 2번 갈라지는데 줄기 가운데 달리는 잎은 깊게, 줄기 위에 달리는 잎은 얕게 갈라진다. 꽃은 하얀색 또는 연분홍, 자주색이며 9~10월에 지름이 8㎝에 달하는 두상(頭狀)꽃차례를 이루어 피는데, 이 꽃차례는 줄기 끝에 하나씩 달린다. 식물 전체에서 좋은 향기가 나서 뜰에 심어도 좋으며 해가 잘 비치고 물이 잘 빠지는 곳에서 잘 자란다고 한다.

꽃이 달린 식물 전체를 캐서 그늘에서 말린 구절초는 한방과 민간에서 부인냉증, 위장병, 치풍 등의 치료제로 쓰이며 잠잘 때 베개 속으로 쓰여서 머리를 맑게 할 뿐만 아니라 향이 좋아서 차로도 쓰이니 일석이조의 이익을 준다.

구절초는 꽃으로써 소임을 다할 뿐만 아니라, 우리에게 유익한 효능을 준다는 것을 알고 나니 더욱 애착이 간다.

이 계절이 다 가기 전에 좋은 분들과 함께 구절초를 감상하는 일 또한 기쁜 일이 아닐 수 없다. 동행한 분들 또한 가정의 행복한 삶을 통해서, 직장이라는 사회를 통해서 구절초의 향기처럼 고고하고 은은한 삶을 향기롭게 사시는 분들이 아닐까 다시 한 번 생각하게 된다.

논개의 생가

높푸른 가을 하늘이 맑아 수정처럼 예쁘다.

예쁜 하늘을 보며 펼쳐지는 가을 풍경을 찾아 떠나기로 했다.

굽이굽이 돌고돌아 깊어만 가는 산자락을 찾아 떠났던 곳은 장수에서도 깡촌 대곡리다. 마을 초입에 들어서자 장승 한 쌍이 웃으며 반겨 맞아준다.

마치 '이곳이 장수 논개 생가 마을입니다.'라고 말을 하는 양 입이 귀에 맞닿았다. 마을 어귀를 지나 비탈진 동네 길을 걷는다. 마을의 집들은 대부분 초가와 너와집 또는 통나무와 흙으로 지은 집들로 전형적인 전통가옥을 구성하고 있다.

영화나 드라마 촬영 세트로도 손색이 없으며 뮤지컬 「아가씨를 부탁해」를 촬영했다는 푯말이 서 있다.

논개 생가 마을은 한폭의 전형적인 풍경화를 보는 듯한 느낌을 받게 된다. 마을의 풍경은 조용하지만 아늑하고 오밀조밀하면서 아름다움이 물씬 배어 있다. 어느 쪽은 한 폭의 동양화를 감상하는 듯싶고, 다른 한쪽은 유화를 감상하는 느낌이다. 동네는 매우 조용하다.

정말 민속촌에 온 듯한 기분이 저절로 든다. 사람이 살지 않는 듯 조심스럽도록 조용하고 예쁘다.

마을이 예뻐서 저절로 웃음이 흘러나오며 감탄사로 입이 벌어질 수밖에 없다. 마을 길목마다 색색의 서광꽃이며 해바라기, 코스모스, 백일홍이 다랑이 논 전체를 무더기로 전형적인 가을꽃으로 조성해 놓았다. 조롱박이 주저리주저리 달려 있는 모습이 천연적인 자연 그대로의 풍경이다.

400년의 역사를 간직한 논개의 고향. 깊고도 깊은 산골 장수. 논개의 부친인 주달문 진사가 건너편 범바위골이라는 마을에서 이주해 터를 잡고 서당을 차려 아이들을 가르치며 마을이 형성되었단다. 사람들은 이곳을 주 진사가 사는 곳이란 뜻으로 주촌住村이라 불렀으며 1990년대 중반 오동 저수지를 만들 때 주촌이 물에 잠기게 되자 이곳에 살던 대부분의 주민들이 고향을 떠나 대도시로 이사를 했다.

그 당시 논개 생가는 저수지 옆 길가에 추레하게 있었으나 복원되어 논개 생가를 주씨의 선산이 있는 윗마을의 결촌으로 다시 옮기면서 마을 이름도 주촌으로 바뀌었다.

임진왜란 때 적장인 게야무라 후미스케를 껴안고 진주 남강에 투신한 논개. 열아홉이라는 꽃다운 나이임에도 오로지 나라를 위한 헌신으로 몸을 바쳤다. 그러한 그녀의 충절을 기리고자 장수군 장계면 대록리에 위치한 논개의 생가를 복원했으며, 최근에는 마을전체를 전통 민속마을로 가꾸고자 노력하고 있다고 한다. 이 마을에서는 이곳을 찾는 이들을 위해서 다양한 농촌체험을 즐길 수 있게 할 뿐만 아니라, 논개의 충절을 가르치고 있으니 배우고자 하는 관광객들의 발길이 끊임없이 이어지고 있다.

다시금 쳐다본 가을 하늘은 변함없이 논개의 넋이라도 위로하려는 듯 맑고 푸르니 불멸의 민족 혼 그리운 논개가 그리운 가을이다.

늦가을 정취 경주

신라의 향기를 맡기 위해 불국사로 향했다. 진입로에 들어서니 울긋불긋한 단풍잎이 아름답기 그지없다. 11월 끝자락 여기에 이렇게 고운 단풍잎들이 있다니 그것도 황홀하리만치 아름다운 단풍 잎새들이다. 때늦게 찾아든 불국사의 관광이지만, 산사는 이래야 된다는 듯 고운 단풍 잎새들이 눈물겹도록 아름다워 반갑다.

이곳을 찾지 않았으면 정말 후회할 뻔했다는 생각이 앞선다. 이 단풍 잎새들은 우리를 환영하는 양 색색의 늦가을의 정취를 물씬 풍겨내니, 불국사가 신라의 명품이었음을 느끼기에 더더욱 좋았다.

불국사는 신라 경덕왕(재위 742~765) 때인 751년 당시 재상이었던 김대성이 창건하기 시작하여 774년에 세상을 떠나니 나라에서 이를 맡아 완공하였다고 『삼국유사』 기록이 전한다. 불국사와 석굴암이 창건된 8세기는 신라의 국력과 문화가 절정에 달했던 시기로, 분황사 약사상이나 봉덕사 종 선덕대왕 신종과 같은 위대한 예술품들을 창작하였다. 불국사는 이 최고의 시기를 대표하는 건축에 걸맞게 윤회설을 바탕에 둔 김대성의 창건 전설부터 석가탑의 조각가 아사달 부부의 비극적 설화에 이르기까지 많은 사연들이 있다.

불국사 전경은 임진왜란 중인 1593년, 지장전에 감추어진 무기를 발견한 왜군들이 불을 지르면서 극히 일부 건물을 제외한 2천여 칸의 건물들이 불타버렸고 이후 1604년부터 한 세기 동안 차츰차츰 중건하여 1700년대에 비로소 가람의 형태를 다시 갖추었다.

1973년에 대대적인 복원 공사가 이루어졌는데, 대웅전, 극락전, 자하문, 안양문 등을 중수하고, 범영루, 무설전, 비로전, 관음전 등을 옛터에 새로이 복원하였다. 회랑과 나머지 문들은 아예 없어진 것들을 재건하였고, 석축과 계단은 대대적인 수리를 하였다.

불국사 배치도 주 영역인 대웅전 일곽은 앞마당에 석가탑과 다보탑을 가진 쌍탑식 가람이다. 석가탑이 전형적이고 추상적인 탑이라면, 목조건축을 묘사한 다보탑은 매우 개성적이고 사실적인 탑이다. 석가탑(국보 제21호), 다보탑(국보 제20호) 두 탑은 『법화경』을 설법하는 석가여래와 그것이 진리임을 증명하는 다보여래와의 만남을 묘사한 것으로, 불국사 대웅전 앞은 『법화경』의 공간이 된다. 석가여래가 주관하는 사바세계에서 서쪽으로 무한히 떨어진 곳에 극락세계가 있는데, 이를 서방정토라고도 부른다. 이에 따라 불국사 극락전 일곽은 대웅전 일곽에서 서쪽으로 한 단 낮은 곳에 위치해 있고 극락전에 모셔진 아미타불은 서방정토를 주관하는 부처이고, 정문인 안양문의 안양은 극락세계의 또 다른 이름이다.

대웅전, 극락전, 비로전, 관음전 일곽은 화엄경에 근거한 연화장 세계를 형상화한 곳이다. 비로자나불은 수많은 불보살들의 궁극적 실체요, 통합체이다. 수많은 꽃잎이 모여 연꽃을 이루듯, 비로자나불의 연화장

세계는 무수한 불보살들의 불국토를 통합하는 세계이다. 비로전 일곽은 비록 크지 않지만 중심에 놓여서, 석가여래, 아미타여래, 관세음보살의 불국토를 체계화하고 통합하는 의미를 갖는다. 불국사라는 명칭은 신라를 부처의 나라로 만들겠다는 의지의 표명이기도 하지만, 중요한 불국토들이 모여 하나의 나라를 이룬다는 교리적 의미를 담고 있다. 그런 점에서 불국사는 건축으로 지어진 거대한 경전이요, 불교의 우주관을 재현한 만다라이기도 하다.

늦가을의 정취가 짙게 내려진 불국사 경내는 1,200여 년전의 화려함을 그대로 간직하고 있다. 돌과 나무로 이루어진 이 건축물은 자연을 거스르지 않고 자연과 하나 되어, 그 긴 세월의 풍파를 이겨내며, 단풍 속에 수줍은 듯 아름다운 자태를 보여주며 묵묵히 오늘도 그 신비함을 가지고 자랑스럽게 우리 앞에 서 있다.

대청봉을 오르며

산행에는 인생이 담겨져 있다. 삶은 도전이다. 때문에 어떠한 일에 어떠한 태도로 접근해야 하는지가 관건이다. 얼마나 인내할 수 있는지를 확인하고 싶고 산행은 새로운 에너지를 주고 그 에너지는 예상치 못한 난관에 부딪치더라도 극복할 수 있는 원동력이 된다는 신념으로 우리 가족은 대청봉 산행을 계획하였다. 평소에 참으로 많이도 기대하고 동경했던 등반이다. 계획대로라면 한계령 - 대청봉 - 오색 탐방로를 통하여 하산하는 것이었다.

전날에 오색탐방로에 도착하여 하룻밤을 자고 새벽에 일어나 주먹밥을 식당에 부탁해 도시락이며 오이, 물, 초콜릿, 영양갱을 준비한 후 대리운전을 부탁하여 하루의 일과를 시작했다. 단단히 채비를 하고 시작된 탐방은 초입부터 계단으로 펼쳐진다. 과연 이 길은 우리에게 어떠한 길로 기다리고 있을까? 오르막으로 비탈진 길은 힘들게 올라가야 하는 길임에도 불구하고 우리는 오르는 동안 몇 번이나 멈추서서 지금까지 온 길을 뒤돌아보며 감탄을 연발 하였다. 그 길은 푸른 양탄자를 깔아놓은 녹음의 길이며 산과 산이 겹쳐지고 포개어지고 포개어져서 어느 그림에서도 본 적이 없는 내 어머니의 품같이 오밀조밀 따스한 사랑을 느끼게 하는 산이었다.

돌계단으로 끝없이 이어지는 길이 한 사람밖에는 갈 수 없는 험한 산길이지만, 주변경관이 아름다운 푸르른 숲이기에 모든 힘든 것을 잊게 된다. 땀이 비 오듯 쏟아져지는 산행이지만 지금까지 만나보지 못한 행복함과 즐거움이 동반되는 산행이었다. 가족과 함께하는 덕분일까? 가파른 오솔길을 오르다 갑작스럽게 편안하게 내리 닿는 오솔길이 펼쳐져 혹시 길을 잘못 선택한 것은 아닌가 확인해보지만 간간이 뒤따라오는 또 다른 일행들이 우리 앞을 가로질러 가는 것을 확인하고 안도했다. 그러나 혹여 길을 잘못 들었다 하더라도 함께하는 가족이 있으니 두렵지 않고 아름다운 예쁜 숲을 잘 감상했으니 후회는 절대로 없지 않겠는가.

또 오르고 또 오른 길이 어림잡아 6시간을 왔다. 드디어 한계령 삼거리 1,700km에서 남은 길이 6km 하루의 산행길을 10시간으로 잡았는데 금방이라도 내달아 오르며 대청봉으로 날아갈 것 같은데 오르면 오를수록 걸으면 걸을수록 산새는 더 깊고 험해진다. 두 손과 두 발의 힘이 부족하여 스틱을 의지하여야 하며 남편의 손을 빌려서 올라야 하는 길도 생겨나기 시작했다. 바위에서 미끄러지지 않으려 손과 발에 힘을 쏟기도 한다.

하지만 길이 험하면 험한 만큼 내려다보는 길이 아름답기 그지없다.

대패집나무의 열매가 아름답고, 부처꽃이 바람결에 시달려 키가 크지 않지만 아름답고, 이름을 알 수 없는 꽃들이 아름답고, 향기가 참으로 독특하여 아름다움에 취해 내 앞의 산과 발아래 땅들을 바라보며 어머, 어유~ 이만큼이나 올라왔네! 라고 또 감탄한다. 큰아들도 힘든 기색이

역력하지만 간간이 엄마에게 이제 얼마 안 남았다. 라고 웃으면서 용기를 준다. 대답 대신 웃음을 건네고 가져온 오이를 반으로 잘라서 건넨다.

쉬는 장소마다 다람쥐는 어디서 왔는지 우리 곁에 바짝 붙어서 떠나질 않는다.

자 너도 먹어 아들 녀석은 과감하게도 초콜릿을 잘라 던져주면서 먹으니 우리 가족은 하나가 더 늘어 넷이 되었다. 나 역시 오이도 먹어 하고 던졌지만 맛있는 것만 골라 먹는 습관이 들었는지 아는 체도 하지 않는다. 피식 미소 한 점을 떠올리며 사람이나 짐승이 나 다 길들여지기 나름이라고 치부해본다.

바위들이 있어서 더욱 아름다운 서북능선이지만 다리는 벌써 힘이 들고 있다. 맑은 날씨지만 숲이 울창하게 우거진 덕분에 햇빛이 감히 우리 곁에 다가오지 못하고 간간히 나무와 나무사이로 찾아든 햇살이 눈부시다.

얼마를 못 가서 휴식을 취해야 했다 정말 '고꾸라지겠다.'라는 말이 무슨 말뜻인지 알 것 같다. 큰아들도 간만에 큰 산에 오게 된 덕분인지 다리에 쥐가 난다고 한다. 남편 주의사항을 듣고 자리를 박차고 일어나 또 걷는다. 대청봉이 보인다.

중청대피소란다. 지금까지 걸어온 시간이 7시간. 힘들지만 발아래로 내려다보이는 길이 정말 예술이다. 어느 누가 이처럼 아름다운 풍경을 만들어 놓았을까?

고지가 바로 저기다. 한계령에서 올라온 길이 77km라고 표지판이 말해주며 대청봉까지 힘을 다해서 걸어 보려하지만 발걸음이 떼어지지 않는다.

이럴 때 헬기라도 와서 날 데려다 주었으면 하는 상상까지 하게 된다. 힘이 다 소진되었나 보다. 휴게소에서 냉커피를 마시고 힘을 다하여 걷지만 보이는 길이 나의 힘으로는 역부족이다. 남편의 도움으로 대청봉까지 겨우 올랐다. 꿈 같은 일이다.

여기까지 올 수 있도록 함께 해주신 하나님께만 감사드렸다. 대청봉에서 사진 한 컷을 찍고 준비해 온 주먹밥으로 허기를 채운다. 그래야만 또 내려갈 수 있기 때문이다.

내려오는 길목 폭포의 시원한 물소리가 들린다. 얼마나 내려 왔을까. 맑고 투명한 물이 우릴 유혹한다. 차갑고 시원한 물에서 손도 씻고 세수도 하고 또 마음도 씻어본다. 얼마 만의 호사인가. 얼음처럼 차갑고 맑은 물에서 또 다른 도전을 받고 내려온다. 신중한 도전은 우리에게 새로운 에너지를 주고 그 에너지는 예상치 못한 난관에 부딪치더라도 극복할 수 있는 원동력이 된다. 산행을 하는 동안 종종 가로질러 누워 있는 커다란 나무들을 만나게 되었다. 그곳을 지날 때는 고개를 숙여야만 지나갈 수 있었다. 정상이라는 높은 곳만 보고가면 교만해질까 봐 겸손하게 살라는 충고인 셈이다. 정상을 오르는 과정에서도 주변 사람들과 함께 나누고 정상에 도달하면 그동안 지고 온 무거운 짐을 모두 내려놓을 줄도 알아야 한다.

정상에서 내려올 때 어쩌면 공허하고 쓸쓸할지도 모르겠지만 또한 내려오는 길도 초심을 잃지 않고 조심하지 않으면 안되겠기에 조심스럽게 한 발씩 내디디며 지금까지 함께했던 일들이 얼마나 소중한 것이었는지 생각해야만 된다.

멀게만 느껴졌던 1,700km라는 그 길을 오늘 나는 가족과 함께했고, 그 인생의 길을 가는 동안 나에게 힘이 되는 사람들은 어떠한 사람들인지를 기억해야만 된다. 이 산행은 나에게 소중한 추억이 되었으며 다시금 내려온 길을 쳐다보면서 가족들의 얼굴을 쳐다본다. 힘들었음이 배어 있지만 무엇인가를 해냈다는 승리의 행복한 미소를 짓고 있다. 소중한 기억을 다시 생각하며 내려온 그 길을 한없이 쳐다보면 지금이 앞으로 나아갈 길 중 가장 젊을 때임을 생각하게 한다.

비 내리는 소록도

오월의 푸름이 가득한 산기슭엔 흰 나비 떼를 한곳에 모아놓은 것처럼 산자락 봉우리마다 새하얀 꽃무늬가 아름답기 그지없다.

싱그러움이 가득한 산자락엔 어느 때부터인지, 아카시아 꽃이며, 이팝나무와 조팝나무의 꽃이 소담스럽게 피어나니 아름다움의 극치이다.

소록도로 향하는 내내 창밖엔 비가 내리니 온 산야를 깨끗이 씻어놓은 듯 맑고 깨끗한 풍경이 수채화를 보는 듯하다. 녹동에서 소록도로 진입하는 길은 오엽반송나무가 가로 양옆으로 잘 정리되어 있고, 산자락에서 풍겨 나오는 향기가 얼마나 은은한지 빗소리를 들으면서 걷는 길이 꿈을 꾸는 듯하다.

바다를 안고 멀리 보이는 새롭게 증축하는 건물들 사이를 따라 걷노라니, 1916년부터 건설된 소록도의 연혁이 보인다. 이 소록도의 역사는 일제강점기 이전부터 시작되었다니 참으로 오랜 세월의 흔적을 볼 수가 있었다. 한센병 환자들이 인생의 삶을 다 펼치지 못하고, 이곳 소록도에 와서 갇힌 삶을 살았다고 생각하니 무척이나 마음이 아팠다.

손과 발 온몸이 끊어지고 상해가는 자신의 모습을 바라볼 때 얼마나 쓰라린 고통과 아픔으로 생을 번뇌하며 살았고, 지금도 살아가고 있을까를 생각해보게 한다.

인적이 드문 조용한 섬. 바닷물결은 그들의 아픔을 아는지 모르는지 밀려왔다 밀려가는 일에 여념이 없는 듯싶다. 쓰라린 마음과 육체의 고통을 저 바다를 보며 달랬을 그들의 생활을 보는 듯싶다.

비 내리는 날이라서인지 푸른 바다는 더욱 짙다 못해 푸른 쓸쓸함이 묻어난다.

참으로 어디에서도 볼 수 없는 아름다운 섬.

소록도의 길이는 14km, 면적은 여의도 면적의 15배라고 하니 참으로 아담한 섬이다. 전남 고흥군 도양읍 장안리 멀리 녹동에서 바라다보았을 때 작은 사슴의 모습과 비슷하다고 해서 소록도라 불리어졌다는 섬이다.

공원의 입구 왼쪽에는 한센병 환자들을 감금했었던 감금원이 있다. 얼마나 자기 자신을 인정하지 못하고 자유를 그리워하며 살다 감금되었을까를 생각하니 마음 한편에서 소름이 돋는다.

그곳을 지나 공원으로 접어드니 꿈에도 보지 못했을 공원이 펼쳐진다.

녹나무가 실루엣처럼 펼쳐지고 황금편백 소나무가 아름답게 자리한 모습, 어린 시절 여름철이며 나무 그늘에서 바람을 즐겼던 추억의 적송, 사슴의 목을 닮은 목련, 실편백나무 울타리, 금목서, 은목서를 보니 어린 시절 집 안 우물가에 서 있었던 기이쯔카향나무, 뱀무늬를 닮았다고 해서 줄기가 알록달록한 뱀풀나무인 흰줄무늬사사, 보랏빛 꽃나무 그늘에서 쉬어가라는 듯 아담한 꽃그늘의 등나무, 먼저 나온 잎새가 같은 나무가 아닌 양 층층이 새로워 보이는 여린 잎새의 조화를 이룬 청단풍, 가을을 연상하게 하는 홍단풍이 모두모두 아름다운 모습으로 어우러져

내방객들을 반긴다.

오른쪽으로 길을 돌아 오르니 성당 좌측 작은 연못에 예수십자가 상이 서 있다. 간절히 원하면 뜻이 이루어진다던가. 그 한센병 환자 들이 부모와 형제를 떠나서, 외롭고 고독한 삶을 살면서 얼마나 기도하며 울어야 했을까?!

그들은 심신을 달래는 마음으로 찾아오는 행인들을 위해서, 그 동산을 가꾸고 또 다듬었으리라. 1년 사시사철 그분들은 내면의 삶을 위해서 또는 찾아오는 모든 분들이 어쩌면, 부모님과 형제들이 찾아오는 것으로 생각하면서 이 동산을 아름답게 가꾸기 위해서 다듬고 또 다듬었으리라.

길을 걷다 보면 아름다움에 취해서 그들의 수고를 잊은 채 사진 찍는 일에 빠져 잔디도 밟고 나무도 밟을까 봐서 써놓은 작은 팻말이 더 마음을 짓누른다. '밟으면 아파요.'

한센병 환자들의 마음을 대신한 듯해서 더 아프다.

윗길로 오르니 그 한셈병 환자들의 심정을 대신하는 한하운시인의 「보리피리」 시비가 보는 사람들의 마음을 사로잡았다. 아름다운 공원을 비 내리는 날 돌아오며 찡한 마음이 비와 함께 내린다.

소록도는 내 마음속에 아름다운 모습으로 영원히 함께 할 것이며, 이곳 소록노 공원은 이제 비탄과 좌절의 땅이 아닌, 희망의 섬으로 우리에게 다가왔으며, 한센병 환자가 집단정착해서 요양하는 곳으로 세계 속의 해양 관광지로 거듭나기를 소망한다. 그리하여 그들의 고통과 고독과 외로움이 조금은 나눠지기를 기원한다.

숲이 좋은 산길

사계절 말없는 무게감으로 변함없이 푸른빛으로 서 있는 숲길, 나는 이 길이 좋다.

어째서인지 운동할 시간을 잃어버린 나는 주말이면 간간이 겨울이지만 남편과 함께 산에 오르곤 한다. 언젠가 내셔널 지오그라피 소사이어티가 만든 기록영화에서 거북이 새끼가 알에서 나오자마자 바닷물 쪽으로 기어가는 것을 보고, 본능이란 저런 것이로구나 생각해 본 적이 있다.

내가 어떤 힘에 이끌리듯 나무 울타리 옆길로 산책가는 것을 설명함은 거북이 새끼 귀에 바다 울음이 들린다거나 그 코에 바다 내음이 닿는다거나 하는 어설픈 가설을 세워 우기는 것과 다름이 없다.

산 내음에 이끌리고 산울림에 이끌려서 집을 나서는 거라고 말하고 싶다.

산책로가 시작되는 곳은 대부분 밭길을 거치는 경우와 검은 흙의 밭이랑이 시작되는 그 경계에 서 있는 농로農路다. 소로로 접어들면 좁아서 둘이 나란히 걸을 수도 없다.

또 곧지 않아서 다소곳이 굽어서 한 끝에서 다른 한 끝이 보이지도 않는다. 그러나 이 좁은 길에는 언제나 향기가 묻어 있다.

봄에는 향긋한 아카시아 꽃내음이 불려와서 깔리고, 여름엔 옛 고향에서 맡던 두엄 냄새가 바람결을 타고 와서 머문다. 가을엔 바람이 구수하다. 구수한 바람이라면 짐작하고도 남음이 있을 것이다. 옥수수 냄새를 풍기는 바람, 알밤이 익어 떨어지면서 내는 냄새가 바로 그것이다.

겨울에는 동화童話의 냄새가 난다.

그렇다고 추억에 기대는 삶에 안주하게 되는 나이는 아니지만, 산 길 나무 울타리 옆길을 걷자면 또 다른 멋을 깨닫게 된다.

봄부터 여름 가을에 이르기까지, 다홍꽃이 달리는 넝쿨줄기가 짙푸르게 펴진다.

때때로 화가이고 싶어지는 것은, 칡넝쿨과 담쟁이넝쿨이 나무를 타고 올라가 푸른 희망 한 점을 그림으로 표현하고 싶어지기 때문 이다.

산길을 오르다 이 좁은 길에서 마주치게 되는 사람들에게서는 진한 땀냄새가 난다.

이들과의 만남은 무엇인가 인생을 열심히 산다는 생각에서 반가운 일이 아닐 수 없다.

또한 계절의 변화에 따라서 멋진 일들을 많이 만나게 된다.

장다리꽃, 배추밭의 나비 떼, 눈부신 아지랑이. 이런 것들과의 만남도 나이에 관계없이 보는 즐거움이며 행복이 아닐 수 없다.

나무 울타리 옆길에서 불과 몇 발자국만 옮겨 디뎌도 풀꽃, 풀메뚜기, 딱정벌레, 윤기나는 풀 색깔, 싱싱한 산그늘 그리고 골짜기의 물안개와 만날 수 있다.

이런 것들과의 만남은 예외 없이 날 그 자리에 세우고 심호흡을 되풀이 하게 한다.

가슴을 활짝 펴고 심호흡을 하면 눈앞에 보이는 모든 것들이 내 가슴 안으로 몰려온다. 눈앞의 임야가 모두 내 토지대장에 올라 있는 자산인 양 느껴져 순간적인 만족감마저 얻게 되기도 한다.

그러나 마음으로부터 빚을 지는 것 같은 생각이 들 때가 많다. 언제나 빈손으로 이 모든 것을 즐기며 살아간다는 사실에 하나님께 죄송하지만, 또한 감사를 드린다.

우선, 빈손은 가벼워서 좋다.

두 손을 맞잡아 비비면 아무리 쌀쌀한 날씨여도 금방 온기를 얻을 수 있으며 넘어질 듯 균형을 잃게 될 때 빈손이어서 짚푸른 나무나 다른 사물을 잡기 쉽다.

가끔, 비 개인 뒤엔 혹 무지개가 뜨거나 맑게 갠 푸른 하늘을 바라보며 두 손을 들어 맘껏 기지개를 켜기도 하지만 흙에서 고개 숙인 채 일하는 사람들을 보면 내 빈손이 다시 부끄러워지는 것을 어찌하겠는가?

숲이 좋은 산, 나는 때때로 가까이에 있는 학산을 오르내리면서 가까운 곳에 내 쉼터가 있다는 것을 얼마나 다행하게 생각하는지 모른다.

삶의 연결지로 향하는 방향 감각에 거북이 새끼 못지않게 민감한 것도 고마워해야 할 일이 아니겠는가.

숲이 좋은 산 학산은 건강의 통로이며, 축복의 삶이 연장될 수 있는 그리움의 길이다.

언젠가는 심화心畫로 판각해서 남기고 싶은 길이다.

때때로 내 영혼이 누워 부르는 환청이 들리기도 한다. 이 길은 내 가슴에서부터 시작된다는 것을 요즘 더 깊이 깨달으며 확인한다.

숲이 좋은 산에 어느새 참나무며 벚나무 목련할 것 없이 꿈을 피워내는 나무마다 자기들만의 빛깔과 향기로 봄이 오면 피워낼 싹눈과 꽃눈을 만들기 위해 웅크리고 있다. 지난해 봄동산을 오르는 산길은 노오란 개나리꽃과 분홍 산벚꽃이 피어 아름다웠다. 올 봄 동산은 더 많은 새들이 찾아와 노래하고 다홍빛이 더 고운 아름다운 숲 속의 산길이 되기를 기대하면서 산길을 내려온다.

섬진강의 봄소식

얼어붙었던 계곡물이 녹아 흐르고 매화, 산수유, 노루귀, 복수초 등 섬진 강변에서 봄의 소리를 전해 듣는다. 봄은 바람을 타고 오고, 물결을 거슬러 온다고 한다. 봄볕과 함께 포근하게 다가오다가도 잠시 주춤하기도 하는 까닭은 꽃 핌을 시샘하는 바람이 불기도 하지만 우리네 봄맞이 발걸음 소리에 재빠르게 다시 봄 길로 달려온다. 봄은 제각각인 듯하지만 아름다운 소리를 내고 그 소리가 어우러져서 하나 되는 아름다움을 볼 수가 있다. 곧 어느 곳에서 열리는 합창대회처럼 그 속에 우리도 아름답게 어우러지는 봄의 일부였으면 좋겠다는 생각이다.

얼마 전 속내를 드러내놓고 인생을 이야기 하는 좋은 분들과 남쪽의 꽃구경을 가자고 약속을 했지만 살다 보니 원치 않게 참여할 수 없었는데 남편은 그곳에 봄꽃이 예쁘게 피었다고 남쪽 섬진 강변의 꽃소식을 전했다. "당신이 왔어야 했다."는 전화만 받아도 꽃동네가 한 폭의 동양화처럼 다가왔다. 설렘 반 그리움 반이였지만 그 아름답게 피었다는 꽃소식을 들으며 깨달은 것은 사람들은 조금만 추워도 몸을 사리고 계절이 어쩌니 저쩌니 이유가 많고 탓을 하지만 자연의 섭리는 계절을 거스르는 법 없이 우리 곁에 다가옴이 새삼스레 감사하다.

나의 신께서도 자연의 변화처럼 늘 우리들을 신실하게 사랑한다는 것을 생각해보니 너무나 감사하고 나는 좋은 조건을 많이도 갖고 사는 사람이구나 싶다.

옛날엔 특별한 풍경이나 특산물 등이 거의 지정된 고장에만 있었기에 먼 곳으로 일삼아 찾아 떠났지만 요즘은 도시가 거의 보편화되어 있다. 전주도 십여 년 전만 해도 플라타너스가 시내 가로수로 자리했지만 언제부턴지 서서히 가로수를 꽃나무들로 교체했다. 삼천동 근교에서는 이팝나무 가로수를 볼 수 있고 평화동 근교에서는 벚나무 가로수를 볼 수 있고 교동과 풍남동에서는 은행나무 가로수를 볼 수 있어서 한결 도심의 맛과 멋을 느낄 수가 있다. 굳이 장거리 여행을 떠나지 않더라도 가까이에서 얼마든지 아름다운 자연을 접하는 기회가 되어서 행복할 따름이다.

봄은 언제 우리들 곁에 다가왔는지 알 수가 없지만, 자연경관을 통해서 계절의 묘미를 느낄 수 있다. 퇴근길 아파트 근처 어느 집 담장인지는 모르겠지만 분홍의 모과 꽃이 화사하게 핀 모습이 보이고, 골목 어귀에서는 몇 개만 보이던 꽃이 고개 들어 올려다보니 어찌나 많은 모과 꽃이 하늘을 향해 피었는지 아침 햇살이 살그머니 비칠 때면 참으로 아름다운 한 폭의 풍경일 거라는 생각을 했다.

다음날은 집을 나설 때 카메라를 들고 나와 이 봄이 다 가기 전 봄의 풍경을 실컷 카메라에 담아보리라 다짐을 하지만 어찌 사는지 깜박 잊는 것이 너무도 많다. 나의 불성실한 성격 탓인지 치매증상이 시작되는 것인지 모르겠지만 분홍색과 노란색을 팔레트에 섞어 화선지에 문지르면 봄의 형상이 나타날 수 있을 것인지 참으로 봄의 아름다움을 그리는 화가이고 싶어진다.

옛말에 봄 햇살엔 며느리 내보내고 가을 햇볕에는 딸을 내보낸다 는 말이 있다.

그것은 봄 햇살의 강함을 말하는 것이다.

봄은 통으로 봄바람을 불어대는지 며칠 사이에 모과 꽃잎은 하염없이 떨어져 꽃비를 내린다. 언제 황홀했었냐 싶게 봄 하루의 햇살은 피운 꽃을 다 지우개로 지워버린 성 싶다.

세상사 모든 것이 마냥 기다려 주지 않는다는 것을 새삼 느끼며 이 계절 나는 무엇을 하면서 살아왔나를 반성하며 뒤돌아본다. 아쉬운 것은 한 컷의 사진도 카메라에 담아보지 못했음이다. 봄이라는 계절은 우리에게 요구하는 게 무엇인지 생각해보아야 하지 않을까?

봄은 기다림의 계절이라고 생각해본다. 나무는 꽃을 과감히 버리고 푸른 잎새를 피워낼 공간을 만들어 주고 꽃의 그 자리에서 푸른 열매를 키워낸다. 그 열매는 기다림의 결실이며 소망을 만들어내는 희망이라고 생각해본다. 기다림없이 좋은 결과가 없기 때문이다.

분명 봄은 희망의 계절이고 푸른 꿈을 생산하는 계절이다. 아름다운 꽃들이 막 피어나는 봄에 결실의 계절 가을을 꿈꾸고, 다시금 한 해의 소망을 잘 진행시켜나가고 있는지 재 다짐을 해 볼일이며 남쪽 섬진 강변으로부터 전해들은 남편의 꽃소식에서 새롭게 도전을 품는다.

순천만 국제정원박물관 탐방

세계 최초로 물 위에 떠 있는 미술관은 길道이 되고, 다리가 되어, 이편과 저쪽을 이어주는 역할을 한다. '미술관 꿈의 다리'는 길이가 175m나 되며, 14만 명의 세계 어린이들과 자원봉사자들이 협력하여 만든 공공예술 작품이다.

각 나라별 특색을 그대로 옮겨 놓은 것처럼, 나라를 대표하는 상징물들을 그대로 적용시켰다. 일본은 아담한 정원, 미국은 자유여신상, 네델란드 풍차, 이탈리아, 독일 등등, 장미꽃과 서광, 샐비어 각종 이름 모를 꽃들의 잔치가 벌어지는 박물관의 모습이 울긋불긋 호화롭기 그지없다. 넓디넓은 정원을 걷기에는 짧은 시간이 아쉽다. 때문에 관내를 다니는 무공해 전동차를 타고 휘돌아 마음과 눈에 담는 시간이 즐겁다.

특별히 '순천만 호수정원'은 세계적인 디자이너인 찰스가젠스가 순천시의 풍경과 순천만의 모습에서 영감을 얻어 디자인한 정원으로 세계정원 구역의 메인 공간이라 할 수 있다.

산허리를 휘돌아 올라 정상에 오르니 삼 면이 바다인 우리나라의 지도를 축소한 양 호수로 싸여 있으며 정상에서는 순천만의 모습을 한

눈으로 감상할 수 있을 뿐만 아니라, 순천 시가가 한눈에 들어온다. 그다지 높지도 않은 산인데, 찰스가젠스 디자이너는 어느 공법을 사용하였는지 모르겠지만 신기하기만 하다.

사방에서 불어오는 순풍은 들국화 향기와 재스민향처럼 감미롭기만 하니 가슴 벅차게 행복하고, 내려올 때의 기분은 기쁨 충만이다.

오르내리는 길이 힘들지 않을 뿐만 아니라, 편안한 길목이 소소한 행복감마저 가져다 준다.

순천만 박람회의 이모저모는 환상과 꿈의 나래이다.

가을이 무르익어가는 풍경은 한 폭의 그리움이며 추억이다. 호수정원을 내려와 쏟아지는 태양을 피해서 실내정원에 들러 예쁜 꽃들과 이색적인 식물들을 만나고, 한방체험관에 들러 나의 성향이 어느 것인지 알아보고자 무료체험관인 체험관 쪽으로 발길을 돌린다.

손가락 열 개의 지문을 다 검사한 후 나온 판결은 "소양인" 운동을 지속적으로 해야 하며, 피해야 할 음식과 좋은 음식 등을 알려주는 종이를 받게 되었다.

하루의 여행이지만 녹록지 않은 삶을 사느라고 힘들었을 다리와 눈의 피로를 해소해 줄 겸 뜨거운 열로 피로를 식혀줄 발 마사지도 하고, 향기로운 향으로 마음의 스트레스를 한방에 날려버린다는 향초의 체험을 하면서 심신을 달래보는 시간 또한 행복했다.

전주시를 홍보하는 시간이다.

무대가 펼쳐지는 스테이지에서는 전주의 비빔밥과, 판소리와 가곡으로 우리의 마음을 차분하면서도 기쁨과 환희로 채웠다. 언제 들어도 구수하고 절절한 판소리는 이야기 대신 곡조를 넣어서 소리로써 강약을 넣어 심정을 표현하는 것이니 현대판 뮤지컬이라고 해도 무색하지 않으리라. 더불어 간간이 얼쑤~로 장단을 맞추어 관중과 하나 되는 무대 또한 재미와 환희가 아닐 수 없다.

가곡 역시, 영혼을 맑게 해주며, 탄산음료와 같은 시원함이 배어 있을 뿐 아니라 여름 날 한 줄기 소낙비와 같이 마음을 확 풀어주는 신기한 묘약이다.

오늘도 순천만 박람회 관람을 통해서, 자연의 소중함과 인간들의 무한한 능력을 발견하였다. 소중한 시간을 통해서 전주시를 홍보하고 멋진 순천만 박람회를 감상하였으니 일석이조의 시간이 아닌가. 유유자적 발걸음을 돌린다. 순천만 박람회여! 영원하라.

4부

하늘과 바다가 맞닿은 곳

제주도 여행기

씨스타크루즈호는 승선한 부부들의 소개를 받은 후 4시간이라는 시간 속에서 만남의 연을 맺어주었다. 복이 많은 14쌍을 실은 배는 잔잔하고도 평화롭게 물빛이 아름다운 바다의 모습은 이런 것이라고 뽐내듯이 유유히 우리를 제주도로 안내한다.

첫발을 내디딘 제주의 야자수 가로수를 보니, 이곳은 대한민국이 아니지 싶은 마음이 먼저 든다. 늦어진 중식 시간이라선지 꿀맛 같은 점심을 마치고, 생명이 살아 있음을 알게 하는 성 박물관 탐방 후 더마파크(야외 기마전쟁) 드라마의 신명나는 공연을 관람 후 숙소로 향했다. 늦은 저녁 시간 휘황찬란한 야경이 아름답다는 유리공원을 탐방 후, 용두암 공원을 찾아 철썩대는 파도의 노래를 들으며 밤바다를 감상한다. 먼 빛으로 찾아드는 불빛이 가로등처럼 아름답지만, 그 배는 가족들의 생을 지탱해야 만 하는 오징어와 고기잡이 배들이라니 마음이 짠하다.

둘째날 세계 최대 유리공예의 전시관인 유리의 성을 관람한다. 유리를 녹여서 공예품부터 생활용품까지 오밀조밀 만들어 놓은 모습이 경이롭다.

이어서 코끼리 쇼를 관람하게 되었는데 코끼리들이 숙련된 먹잇감을 받아 먹을 뿐만 아니라 관객들에게 무엇인가(돈)를 더 요구하는 것 같은 모습에 영 마음이 편치 않아 발길이 무겁다. 금강산도 식후경이라 했던가? 맛있는 점심 식사를 마치고 7코스 올레길을 오르니, 먼저 반기는 것이 맑고 시원한 공기다.

폐활량만큼 실컷 마시라고 자연은 우리 모두에게 청정한 공기를 선물로 제공한다.

길을 오르다 보니 바위섬이 사람의 옆모습을 꼬옥 닮았다. 그래서 큰 바위 얼굴이라고 이름이 지어졌단다. 바위 얼굴을 보니 고등학교 때 국어 교과서에 『큰 바위 얼굴』이라는 너새니얼 호손의 단편소설이 생각났다. 주인공인 어니스트가 어머니의 영향으로 어린 시절부터 큰 바위 얼굴을 닮은 사람을 동경하는 이야기이다. 그의 작품에서 보여지는 분위기답게 교훈적인 내용을 띠며, 막대한 부나 사회적 지위보다 지속적인 자기 성찰이 인간의 위대한 가치를 드높인다는 것을 말하는 이야기이다. 혹시 이 바위가 그 소설의 바위가 아닐까 하는 생각을 하며 걷는데, 다시금 외돌개 섬 바위를 만나게 된다.

전설에 의하면 고기잡이 나간 할아버지를 기다리다 바위가 된 할머니, 생을 마감했지만 기다림으로 바위가 된 사실을 알고, 할아버지가 시신으로나마 바위가 되어 할머니를 찾아왔다는 금슬 좋은 부부 이야기가 인상 깊다.

자연의 오묘한 신비함을 보고, 듣고 생각하면서 삶을 다시금 깨닫게 되니 숙연함마저 든다. 이야기를 배경 삼아 여행길에 오른 부부는 더 금슬이 좋아질 뿐만 아니라, 오래오래 돈독한 사랑을 나누면서 삶을 살아갈 수 있다는 설에 서로의 이름을 3번씩 불렀다. 그 노부를 생각하면서 우리 팀의 부부들은 각자 부부의 이름을 부르면서 사진을 찍기도 했고, 모 계장님은 사모님 이름을 부르면서 곱하기 3이라 외치기도 했다. 모두들 함박웃음을 터뜨리며 덩달아 따라 하면서 사진작가의 손을 분주하게 했지만, 언제나 싱그럽고 우아한 웃음을 머금은 우리 팀(부부)의 모습이 아름답다.

길을 따라 걷노라니「대장금」의 촬영지였다는 장소에서 또 한 컷, 이번엔 내가 한 번 대장금의 주인공이 되어 보는 순간이다. 계속되어지는 길을 따라 걷노라니, 이름 모를 꽃들이며, 해풍을 맞아 피어나는 꽃들이 제철을 잃어버린 듯 한창이다.

양지꽃이며 보라돌이 제비꽃, 새하얀 수국, 주홍색의 칸나, 꽃들은 가을을 장식하느라 분주하기도 했지만, 꽃과 향에 버금갈 세라 더불어 붉게 익어가는 계절의 열매들이 가을 풍경의 극치를 더했다.

제주 가을의 풍경은 한 폭의 동양화다. 좋은 것을 보고, 좋은 것을 생각하게 하는 자연이 고맙기도 하지만, 함께하는 동료 부부들이 있기에 이 가을이 전설처럼 더 아름다운 것이리라. 산길을 거의 다 걸었을 무렵, 석양빛이 장작불을 지펴놓은 듯이 온 하늘을 물들이니 바다 물빛도 덩달아 황금색으로 물들었다. 바다는 하늘을 담았다. 높푸른 저녁 하늘이 바다를 담은 탓일까? 슬프리만큼 제주 섬 하늘은 아름답다. 이어서 아슬아슬하게 마음을 졸이는 중국 기예 젊은이들의 오토바이 쇼로 마음을 힐링하고, 저녁식사를 했다. 삶의 즐거움 중 먹는 즐거움을 빼놓을 수 없다.

제주 특유의 흑돼지 생구이에 곁들인 소주 한 잔은 별미였다.

몇 번이고 '위하여'를 외치며 행복과 미래의 소망을 기원했다.

저녁 식사 후 의견이 모아지자 몇몇 분들은 상황에 따라 함께하지 못했지만, 실내에서 하늘이 열리는 제주의 밤하늘 관경을 볼 수 있는 호사를 누리는 순간이 주어졌다. 10월의 마지막 밤을 잊히지 않을 추억으로 장식할 겸 몸과 심신을 다 내려놓고, 다함께 차차차로 몸을 풀어보는 시간이 또 하나의 사건이 아닐 수 없다.

셋째 날 미로 여행이다.

단조롭고 순조로운 것 같지만, 그렇지않은 삶을 예견해 주는 양, 이리저리 해매이면서 길을 찾아 떠났다.

길이 끝나는 곳에 또 따른 길은 시작되고, 우리 모두는 끝없는 인생길을 걸어가는 것이다. 우린 인생의 두 갈래 길에서 가보지 않은 길을 갈 것인가? 많이 본 듯한 길을 선택할 것인가를 고민하게 된다. 이처럼 미로는 보이지 않는 인생길을 단편적으로 축소한 것은 아닐까를 생각하면서 다시금 미로를 찾아 걷는다.

성격 급한 사람은 갈팡질팡 더 많은 시간을 허비하겠지만, 지혜로운 사람은 수월하게 삶의 길을 가는 것처럼 차분한 성격의 소유자들은 심사숙고하면서 어렵지 않게 미로를 잘도 찾아냈다. 미로가 끝나는 지점에는 골든 벨이 기다리고 있다. 종점을 찾은 자들은 골든 벨을 힘차게 울리는 거다. 모두들 어렵지 않게 길을 찾은 것처럼, 우리 모두들의 삶도 순조롭게 올올이 풀어지는 실타래처럼 건강하고 아름답게 멋진 미래로만 이어지기를 기대해 본다.

윗세오름 등반

산이 높아 넘지 못하는 안개구름은 그대로 서서히 산자락을 타고 내려온다. 작열하는 태양빛과 함께 눈부시게 시작되는 아침 시간 해발 1,730m(4.7km)라는 푯말을 확인하며 산길로 접어들었다.

숲은 그린 닥터다. 나무는 항염과 항산화효과가 있는 피톤치드를 뿜어내어 말초혈관과 심폐기능을 강화한다더니 아침을 여는 산은 꽃과 나무 향기로 자신감을 불어넣어 주기에 부족함이 없다.

산자락에서 먼저 반겨주는 것은 까마귀의 울음소리다. 옛 전설에 의하면 사람의 죽음을 예견하거나 죽은 사람이 있게 되면 우는 흉조라고 들었던 것 같다.

그러나 생각은 자유다. 난 우릴 반기는 노래로 생각한다.

여유롭게 시작하는 등산로는 평지에서 시작되기에 데이트코스 정도로 생각하며 걷기 시작했다. 어느 만큼을 걸었는지 숨이 차오르기 시작했다. 주변을 둘러보니 온통 빽빽한 숲길이라 숨이 더 막힌다는 생각이 들었다. 이쯤에서 한 번은 쉬어 가야지 하며 주위를 둘러보니 놀랍게도 숲 전체에 펼쳐진 것은 조릿대 군락지이다. 한숨을 내쉬며 초콜릿 하나를 먹고 또 걸었다.

가야 할 길이 멀고 끝없이 이어지는 사람들의 행로가 길다.

갈수록 급경사에 나무계단에 힘들어하는 찰나 물건을 싫어 나르는 모노레일이 보인다. 저걸 타고 가면 어떨까? 모노레일을 타고 갔으면 하는 마음이 굴뚝같다. 여기서 또 잠시 쉬어야지 하면서 둘러보니 하얀 나비가 때늦은 산딸기나무 꽃 위에도, 산비쟁이꽃 (엉컹퀴) 위에 도 모습이 넘 예쁘다.

저 나비들은 어떻게 이곳까지 올라왔을까??

끝없이 오르고 또 오르는 길목엔 사제비샘이 지나가는 행인들에게 목을 축이며 쉬었다 가라고 발목을 붙잡는다. 사제비오름은 제비가 죽어있는 형태라고 해서 붙여진 이름이란다. 지금까지 오른 길이 1,300m이다. 그 표지석을 지나자 시야가 확 트이고 넓은 초원이 시원스럽게 펼쳐지니 멀리서 가까이서 암벽들의 기이한 모습이며 초록의 시원함이 무르익어 가는 8월은 한 폭의 동양화다.

이런 풍경을 보니 성경말씀(마11:28)이 생각난다. '수고하고 무거운 짐진 자들아 다 내게로 오라. 내가 너희를 쉬게 하리라.' 푸르른 초원 에선 푸른 바람이 일고, 위로는 파란 하늘이 열리고 바다가 보이는 윗세오름으로 이이지는 길은 환상의 길이다. 지금까지 3시간 30분 만에 윗세오름까시 죽을힘을 다하여 올라와 바라다본 세상은 신비롭기 그지없다.

이곳 윗세오름은 고산식물인 희귀식물들이 눈에 많이 보인다.

점심을 먹기는 이른 시간이지만 이곳에서 점심을 먹지 않으면 안되겠기에 가지고 간 음식과 컵라면을 마파람에 게 눈 감추듯 먹어치우고 나니 피곤함이 몰려온다. 잠깐 사이 스르르 눈을 감았는지 이제 그만 일어나자고 재촉하며 또다시 백록담을 운운한다. 그러나 더 이상은 갈 수가 없을 것 같아서 오르지 못함을 선포하고 나니 내심 아쉬움이 앞선다. 고지가 바로 저긴데, 눈앞에 보이는 한라산 정상이 눈앞에 밟히지만 아쉬운 마음을 뒤로하고 돌아서려니 관광객들이 까마귀 떼와 놀고 있는 모습이 보인다.

아니, 등산길에 오를 때 짓궂게도 울어대던 놈들이 아닌가? 하지만 먹이를 주는 사람들에게 병아리 떼처럼 따라 다니면서까지 얻어먹는 모습이 참으로 애처롭다. 어린 시절 집 안에 있는 닭들에게 모이를 주면 저희들끼리 아귀다툼을 하던 그 모습을 연상하게 한다. 그때 그 추억을 이곳 까마귀 떼들을 통해서 만나게 된다.

내려오는 길은 오르는 길에 비해 수월할 뿐만 아니라 오르면서 보지 못했던 풍경들이 눈에 들어온다. 꽃 위에 앉아 있는 팔랑나비, 조흰뱀눈나비, 가락지나비, 산꼬막 부전나비, 산굴뚝 나비, 돌매화 나무, 섬매발톱나무, 구름체 꽃, 아그배나무, 사목인 구상나무는 나무껍질이 잿빛을 띄어 흰색에 가깝고 흰 눈을 덮고 있는 겨울나무의 모습을 생각하게도 한다. 나름대로 아름다운 자태가 근사하다.

구상나무 사목 군락지를 벗어나니 예쁘게 성장해서 꽃 핀 구상나무 숲이 나타난다. 모든 자연들이 신비롭고 이채롭다.

구상나무는 죽어서 천 년 살아서 천 년을 산다는 전설이 있는 나무이다. 자연을 벗삼아 내려오니 노루샘에서 물을 받아 마시고 가라고 샘은 손짓한다. 한 종지 마시고 나니 시원한 느낌이 위장까지 닿는다. 참으로 목마른 이들에게 한 모금의 물은 생명수임을 알게 할 뿐만 아니라 자연의 소중함을 알게 하는 시간이다.

새삼 좋은 것으로 채워주시는 신에게 감사하는 찰나 아기 노루가 순식간에 이쪽에서 저쪽으로 뛰어간다. 아 아 공기 청정한 파라다이 스다.

자연의 아름다움을 통해서 자연의 가치와 소중함을 깨달으며 이 아름다운 강산을 우리 모두가 잘 가꾸고 보호하여서 후손들에게 물려주어야 할 과제임을 다시금 생각한다. 한 줄기 바람이 볼을 만지며 스쳐 지나간다. 오를 때의 힘듬이 순식간에 기쁨과 감사로 변해 간다.

성산포 일출봉

성산포라는 단어만 들어도, 성산포 일출봉의 사진만 봐도 뭉클한 마음이 생기며 언젠가는 성산포 일출을 보아야겠다는 생각이 떠나지 않았다.

어느 해인가 전남 해남 땅끝 마을에서 신년 일출을 보았던 기억을 지울 수 없었던 탓이였을까?

결혼 전, 감미롭게 흘러나오는 음악 속 이생진님의 「그리운 바다 성산포」 시를 들었던 까닭일까?

성산포에서는 남자가 여자보다
여자가 남자보다 바다에 가깝다
술을 마실 때에는 바다 옆에서 마신다
나는 내 말을 하고 바다는 제 말을 하고
술은 내가 마시는데 취하기는 바다가 취한다
성산포에서는 바다가 술에 더 약하다

시인의 진득한 삶의 모습들이 아직도 남아 있는 탓인지 성산포 일출을 보고 원했다. 하지만 생각은 생각으로 끝나고 내내 그 꿈을 잊고 살아야만 했다.

간간이 제주도에 갈 일이 없었던 것도 아니지만, 그곳을 먼빛으로 만 보며 스쳐 지나가기 일쑤였고, 일출봉을 오르는 것은 한낱 꿈에 지나지 않았었다.

그러나 간절히 원하면 꿈은 이루어진다던가.

우리 가족은 휴가를 어렵사리 맞추어 3박 4일의 일정으로 떠나게 되었다.

말이 3박 4일이지 오고 가는날 빼면 이틀밖에 안 되는 날이기에 알차게 보내야 된다는 계획으로 첫날 새벽에 성산포에서 일출을 보기로 정했다.

그러나 우리 숙소는 제주도 공항 옆 오션스위츠 호텔이기에 제주 끝에서 서귀포 끝인 셈이다.

새벽녘 1시간 이상이 걸리는 거리를 가야 하기에 4시 30분에 출발해야 하는 상황이라 그곳까지 가기도 쉽지는 않았다. 하지만 도전하기로 다짐하고 다음날 4시 30분 기상하여 출발하게 되었다.

동트기 전의 새벽녘이라 어디가 어디인지도 모르는 상황이다. 무식하면 용감하다던가 내비게이션의 힘을 빌려 남편은 쉴 새 없이 악셀을 밟기에 여념이 없다.

지성이면 감천이라던가. 하여간 주차장에 도착한 시간은 6시가 넘었다.

부랴부랴 주차장에 파킹하고 정상까지 오르는 시간이 얼마나 걸리는지 알 수가 없었기에 마음이 분주하기만 했다.

우린 처음 시작부터 뛰어야 한다고 생각하지만, 바야흐로 여름 중순. 등과 얼굴은 땀으로 범벅이 될 수밖에 없었다. 그래도 꿈은 이루어야 되겠기에 안간힘을 써서라도 산은 올라야 된다는 일념 하나로 걸었다.

어느 지점에선가 나의 힘은 소진될 대로 소진되었다.

남편은 여기까지 와서 포기할 수 있냐며 나의 팔을 강제로 끌다시피 잡아 끌어 올려 간신히 따라갔다. 참참히 거친 숨을 몰아쉬기도 하고 나무 그늘 밑에서 잠깐씩 앉아 쉬었지만 나의 목표는 일출봉의 정상에서 일출을 보는 것이기에 끈기 있게 힘을 내어 올랐다.

가까스로 정상에 올랐다. 많은 사람들이 정상에서 일출을 기다리고 있었다. 아아~죽을 것만 같았던 생각은 온데 간데 없고 올라온 것이 꿈만 같았다. 간헐적으로 불어오는 바닷바람은 여름날의 한 줄기 소낙비와도 같았다. 어느덧 나의 젖은 옷도 말려주고 얼굴에 얼룩진 땀도 말끔하게 씻어주는 바닷바람은 나의 내부의 폐활량을 감미롭게 하기에 부족함이 없었다.

아아 이제는 살았구나. 기다림의 눈으로 가늘게 하늘과 바닷속으로 눈을 번갈아 던지지만 희미하게 싸여 있는 구름만 더 진하게 몰려왔다. 땀을 식히며 얼마나 기다렸을까. 바다 속에서 솟아오르는 태양의 빛은 보이지 않고, 저 밑바닥의 뜨거운 열기가 정상까지 은근하게 불어오는 것이 아닌가.

일출을 보는 기다림으로 밤을 설쳤는데, 실망감은 있지만 성산 일출봉 응회구의 퇴적과정의 분화구를 보면서 자연의 섭리를 생각하지 않을 수 없었다. 내려오는 길 나를 위로라도 하려는지 성산포 중턱에 기이하게 생긴 바위가 우뚝 솟아 있는 것이 보였다. 얼핏 보면 사람의 험상궂은 형상 같기도 하고, 어찌 보면 투구를 쓴 장수의 모습 같기도 하다. 사람의 상태나 환경에 따라서 생각대로 볼 수 있는 것이 사람들의 생각이지 않을까? 생각은 자유이니까 말이다. 그런데 안내문에 써 있는 이름은 비단장수 왕서방 바위라고 쓰여 있다. 한참을 내려오니 일명 등경돌바위(별장바위)도 만나고 말뚝 모양의 바위, 곰바 위(중장군바위)를 만날 수 있었던 것은 마음이 그만큼 여유가 있었기 때문이 아닐까? 오를 때는 그 모습들이 보이지 않았으니 말이다.

내려오는 동안 계단을 세어보니 548개였다.

오늘 비록 찬란하게 떠오르는 일출은 보지 못했을지언정 오르고 싶었던 성산포 정상에 올랐다는 것과 그 정상에서 내려다본 아침 풍경은 큰 수확이자 보람이었다.

안동 하회마을

우리나라 국토를 돌아볼 겸 여행길에 올랐다. 말로만 듣던 안동 하회河回 마을이다.

처음에는 허씨와 안씨 중심의 씨족마을이었는데, 세월이 흐르면서 점차 이들 두 집안은 떠나고 풍산류씨가 중심이 되어 터를 닦아 600년 동안 명맥을 이어오고 있는 우리나라의 대표적인 씨족마을이기도 하다. 한편, 씨족마을이라는 전통 외에도 마을 주민들이 기와집과 초가집의 옛 한옥을 여전히 생활공간으로 이용하고 있으며, 한옥의 과거 현재 미래 모습을 모두 살필 수 있는 고향 집과 같은 마을이다.

'하회'라는 이름은 마을 주위를 감싸 안고 흐르는 낙동강의 모습이 '회回'자와 비슷하다고 하여 붙여졌는데, 풍수지리학적인 관점에서는 마을이 물 위에 떠 있는 연꽃의 형상과 같다 하여 길지로 꼽는다. 이와 관련하여 과거 이 마을에서는 담장을 만들 때 돌을 섞지 않았다고 한다. 마을이 물에 가라앉지 않기를 바라는 풍수의 관점에서 그렇게 한 것이라고 한다. 현재 하회 마을에는 100여 채의 전통 한옥과 초가집이 있는데, 그 가운데 12채가 보물 및 중요민속자료로 등록되어 있다.

마을에 들어서면, 기와지붕과 초가지붕의 부드러운 곡선이 가장 먼저 눈에 띈다. 지붕 사이마다 촘촘히 자리한 골목길에는 다양한 형태의 담장이 거미줄처럼 이어져 있는데, 모두 같은 모양이 아니라 제작 방식과 재료에 따라 저마다 독특한 아름다움을 자랑한다. 가을철이라서인지 국화꽃과 은행나무 잎, 고운 색의 단풍나무 잎새들이 담장 곳곳에서 고운 빛깔을 더하며, 잘 익은 샛노란 모과가 푸르디 푸른 하늘을 배경 삼아 누워 있는 양싶고, 한 점의 유화처럼 보인다.

아름다운 가을의 정취가 물씬 흙담과 초가지붕에 타고 흐르니 운치를 더하는 가을 풍경이다.

하회 마을의 담장은 어느 것 하나도 같은 것이 없다. 다들 자기가 사는 집과 어울리는 형태와 재료를 택해 만들었기 때문이다. 그래서 이곳은 전통 담장의 전시장이라고 해도 과언이 아닐 정도다. 그 가운데에는 우리 선조들이 삼국시대 때부터 고대 성곽이나 집을 지을 때 사용한, 판축 기법의 담장이 있다. 이렇게 흙을 겹겹이 다져 쌓아 올리는 판축 기법으로 만든 담장은 흙의 부드러운 질감이 살아 있어 많이 선호한다. 시루떡처럼 조금씩 층을 올려 쌓을 때마다 생기는 결 모양은 자연 그대로를 닮아 있어 전통 한옥과 잘 어울린다.

담장은 골목을 지나다니는 사람들이 집 안을 들여다볼 수 없도록 높아 철저하게 사생활을 보호하기에 안성맞춤인 듯하다. 전통 담장은 이러한 목적을 과학적인 방식으로 해결했다. 집 안의 중요한 생활공간인 안채나 사랑채는 담장과 가장 멀리 떨어진 곳에 배치했으며, 담장 아래는 부속 건물을 두고 지붕선은 담장의 높이와 사선을 이루고 하늘로 향하고 있어서 전체 건물 수가 아무리 많고 그 규모가 크다 해도 담장 밖에서 보면 모든 가옥의 추녀선 위의 지붕선만이 보일 뿐 내부는 들여다볼 수 없다.

이는 담장 밖으로 기와지붕의 커다란 몸체 모두가 드러나지 않아서 부드러운 스카이라인이 형성된다. 이처럼 마을 북쪽, 즉 마을 초입에 자리한 한옥들은 19세기 이후에 지은 집들이 자리하고 있는데, 일부는 세부 조형이 조금씩 모습을 달리하며 새로운 한옥의 모습을 제시하고 있다. 예컨대 벽돌을 사용한 화방벽과 굴뚝이 등장하고, 커다란 연못을 마당에 만들거나 길상무늬를 직접 기와무늬로 표현하는 막새기와들을 사용하는 집들이 보인다. 또 대문은 초가집의 형태로 만들고 안채는 기와집으로 만든다든지, 담장은 기와집 형태로 만들고 가옥은 초가집으로 짓는다든지 하는 식으로 다양한 형태의 한옥을 확인할 수 있다. 남편은 건축학을 공부한 사람이라서인지 꼼꼼하게 제작방식과 재료에 따라서 저마다 독특한 아름다움을 뽐내는 전통 담장과 집들을 소개하는 일을 담당했지만 나는 크게 공감이 되질 않았다.

하동고택, 염행당(남촌택), 양오당(주일재), 화경당(북촌택), 양진당, 충효당, 작천고택까지 동네 한 바퀴를 샅샅이 돌아 삼신당까지 왔다. 삼신당고목은 600년 된 나무라고 한다. 이 마을 사람들은 이 고목이 마을을 지켜준다고 생각하고 소원을 빈다. 주변은 새끼줄로 둘러져 있는데 여기에는 소원을 적어 붙인 것이 수십 개다.

우리나라는 예부터 유교가 발달한 덕분이다. 예전에는 이곳 마을 사람들의 축원을 들어주었던 삼신당이 이제는 하회 마을을 찾는 수많은 방문객들의 소원까지 들어주는지 방문객들마다 각각의 사연을 적느라 분주한 모습이다. 삼신당 고목은 이 많은 사연을 다 들어주려면 무지

바쁠 것 같다.

마을 밖을 나와 낙동강이 흐르는 부용대 쪽 강물이 유유히 흐르는 모습을 바라보고 하회 마을을 바라보니 기와집과 초가들의 원형이 잘 배치되어 있는 것이 일품이 아닐 수 없다.

강원도 여행기

-하늘과 바다가 맞닿은 곳

팔월의 끝자락 모처럼 가족과 함께하는 여행이다. 모처럼의 이유라면 아이들이 어린 시절에는 부모의 뜻에 전적으로 따르겠지만 성장한 후엔 각자가 하는 일들이 많기 때문이다. 가족이라고 해봤자 겨우 4명이지만 작은아이는 2학기가 시작되었다고 함께 할 수 없으니 큰아이와 남편, 나, 셋이다. 그러나 저러나 각자가 하는 일에는 도움이 될 망정 서로 불편함을 주어서는 아니 되겠기에 가는 여름을 보내고 오는 가을을 새롭게 잘 맞이하자는 다짐의 여행으로 삼았다.

여행을 잘하면 백 권의 책을 읽는 것보다 낫다는 이야기가 있다. 하지만 집을 나선 후엔 모든 것들이 호락호락하지 않다. 서로가 양보하고 이해하면서 힘듬도 즐겨야 하는 일이기 때문이다.

어쩌면 인생의 단편인 모험인지도 모른다. 낯선 지역을 익히기가 쉽지는 않다. 문화를 배우고 익히는 것 모두가 몸으로 부딪히는 일들이기 때문이리라.

먼저 도착한 곳이 정동진이다. 정동진하면 떠오르는 것들이 많다.

정동진은 서울 광화문역에서 정正 동쪽에 위치하여 붙여진 이름 으로 세계에서 바다와 가장 가까운 역이다. 드라마 「모래시계」 촬 영지로 유명해진 역이다. 세계 최대의 모래 시계로 상부의 모래는 미래의 시간을 말하고, 흐르는 모래는 현재의 시간을 말하며, 황금빛 원형의 모습은 정동진의 떠오르는 태양을, 평행선의 기차레일은 시간의 영원성을 의미하는 모래시계 공원이다.

때문에 여름 피서철뿐만 아니라 매년 12월 31일부터 1월 1일까지 진행되는 해돋이축제 등 사계절 관광지로 인기가 있는 곳이다.

먼저 우리 가족은 숙소를 정하기 위해 이곳저곳을 찾아다녔다. 바다의 배경을 벗 삼을 수 있는 풍경이 좋은 집을 찾아야 되기 때문이다. 저녁 식사를 매운탕으로 마친 후 해수욕장을 찾았다. 때늦은 휴가, 밤 바닷가이지만 이곳저곳에서 끊임없는 폭죽 소리가 요란했다. 젊은 청년들의 이야기 소리와 웃음소리가 파도를 넘으며 싱그럽다.

하얗고 고운 모래가 부드러울 뿐만 아니라 새하얗게 빛나는 모래가 어두운 밤이지만 밤하늘의 별들처럼 눈부시다. 반갑다고 우릴 부르는 파도소리며, 가는 여름이 아쉽다고 울어대는 매미의 울음소리, 풀벌 레의 합주곡은 역시 바다에서 느끼는 작은 오케스트라다.

이들의 소리에 질세라 툭툭 터지는 여름 봉숭아꽃이며 배롱나무의 꽃향기가 우리들의 휴가를 환영하는 듯 향기가 독특하다. 그 틈새 남편은 큰아이와 대화를 진지하게 나눈다. 시간이 얼마나 되었을까? 바닷바람이 옷깃을 여미게 하는 시간이다. 늦어진 시간 내일 아침은 해돋이를 보자는 다짐을 하면서 돌아오는 길 밤하늘을 쳐다보는데 유독 하늘이 맑다. 하늘도 바다빛에 물든 까닭일까?

숙소에 돌아와 내일 아침 일출을 보자는 가족들의 약속으로 잠을 청했다.

잠자리에 들었지만 출렁이는 파도소리는 무슨 애달픈 전설이라도 전하겠다는 양 부산스럽다. 하지만 철썩거리는 파도소리를 벗 삼아 잠자리에 들었고, 해돋이를 보아야 하는 까닭에 이른 아침 바닷가로 나갔다. 파도는 철썩거리는데 여념이 없고 모래는 이때다 싶게 신발 속을 가득 메운다. 동트는 바다는 무슨 조화인지, 안개가 가득 끼어 있다. 그 틈새로 햇살은 고개를 내밀어 보려고 용을 쓰는 양 싶지만 설상가상으로 먹구름은 해돋이를 방해하는 데 한 몫을 한다. 하지만 구름 사이로 햇살은 얼핏 고개를 내민다.

바다 위로 불끈 솟아오르는 햇살을 만날 수는 없었지만 아쉬운 대로 구름 속에 가려진 아침 해를 정동진에서 가까스로 만날 수가 있었다.

아쉬움을 뒤로하고 약간 비릿한 해풍을 맞으며, 조각 공원을 감상하며 해돋이 현장을 다시 바라보니 바다의 풍경은 너무도 아름답다. 큰아이는 고요한 아침 잔잔하게 퍼지는 햇살과 더불어 끝없이 펼쳐진 바다를 보니 가슴이 탁 트이는 기분이라고 말했다. 그 말에 내 마음까지 시원했다.

맑은 날! 푸른 저 바다에서 불끈 솟아오르는 그 강렬한 햇살을 다시금 보고 싶다. 바다와 하늘이 맞닿은 곳 이곳 정동진에서.

현모양처 신사임당

둘째 날 이른 아침 초당순두부를 먹으니 전주 음식과는 비교되지 않지만 그래도 나름대로 구수하고 담백한 맛이 싫지가 않았다. 아침 식사를 마치고 고운 모래 위에 시원스럽게 펼쳐진 해변의 풍경을 감상하며, 역사·문화·교육의 도시이며, 녹색성장의 도시인 경포해수욕장을 거쳐 경포대를 경유해서 선죽교를 찾았다.

현자의 삶을 키워낸 곳을 알아보기 위한 까닭이다. 율곡 이이는 조선 중기 학자로 호는 율곡·석담, 본관은 덕수, 강원도 강릉 출생. 아버지는 이원수李元秀, 어머니는 사임당 신씨師任堂申氏이다. 어려서부터 어머니에게 학문을 배웠고 1548년(명종 3) 13세로 진사시에 합격하였으며 1569년『동호문답東湖問答』을 지어올리고, 1575년『성학집요聖學輯要』, 1577년『격몽요결擊蒙要訣』을 지었으며, 강릉의 송담서원松潭書院, 풍덕豊德의 구암서龜巖書院, 황주黃州의 백록동서원白鹿洞書院 등 전국 20여 개의 서원에 배향되었다. 저서에『율곡전서栗谷全書』가 있다.

그렇다면 율곡의 어머니는 어떠한 사람이었을까? 조선 시대의 여류 문인이자 서화가 강릉 출생 율곡 이이의 어머니이며 어려서부터 부모에 대한 효성이 지극하고 자수와 바느질 솜씨가 뛰어났다. 또한 시와 그림에도 놀라운 재능을 보여 7세 때 화가 안견의 그림을 본떠 그렸을 뿐만 아니라 산수화와 포도·풀·벌레 등을 그리는 데도 뛰어난 재주를 보였다. 어린 시절 어느 날 꽈리나무에 메뚜기 한 마리가 앉아 있는 그림을 그렸는데, 잠깐 자리를 비운 사이에 그림 속의 메뚜기를 닭이 와서 쪼아 버렸다고 한다.

네 아들과 세 딸을 진정한 사랑으로 키웠으며, 어릴 때부터 좋은 습관을 가지도록 엄격한 교육을 하였다. 사임당의 자애로운 성품과 행실을 이어받은 7남매는 저마다 훌륭하게 성장하여, 모두들 인격과 학식이 뛰어났다.

아울러 사임당은 유교의 경전과 좋은 책들을 널리 읽어 학문을 닦았다. 그리하여 예술가인 동시에 높은 덕과 인격을 쌓은 어진 부인으로, 또 훌륭한 어머니로서 우리나라 여성의 모범이 되어 존경을 받고 있다.

작품으로 시 「사친」과 그림 「산수도」, 「자리도」, 「초충도」 등이 있으며 글이나 그림 어느 쪽에서도 부족함이 없을 정도로 그 실력이 뛰어났으나 자신의 실력을 함부로 뽐내거나 자랑하지 않았다. 또한 전해지는 이야기에 의하면 어느 날 잔칫집에 초대받은 신사임당이 여러 부인들과 이야기를 나누고 있었다. 그런데 마침 국을 나르던 하녀가 어느 부인의 치맛자락에 걸려 넘어지는 바람에 그 부인의 치마가 다 젖었다. "이를 어쩌나 빌려 입고 온 옷을 버렸으니…."

그 부인은 가난한 사람이었기 때문에 잔치에 입고 올 옷이 없어 다른 사람에게 새 옷을 빌려 입고 왔던 것이다. 그런데 그 옷을 버렸으니 걱정이 태산 같았다. 이 때 신사임당이 그 부인에게 말했다.

"부인, 저에게 그 치마를 잠시 벗어 주십시오. 제가 어떻게 수습을 해보겠습니다." 부인은 이상하게 생각했지만 신사임당에게 옷을 벗어 주었다. 그러자 신사임당은 붓을 들고 치마에 그림을 그리기 시작했다. 치마에 묻어 있던 국물 자국이 신사임당의 붓이 지나갈 때마다 탐스러운 포도송이가 되기도 하고 싱싱한 잎사귀가 되기도 했다. 보고 있던 사람들 모두 놀랐다. 그림이 완성되자 신사임당은 치마를 내놓으며 이렇게 말했다. "이 치마를 시장에 갖고 나가서 파세요. 그러면 새 치마를 살 돈이 마련될 것입니다." 과연 신사임당의 말대로 시장에서 치마를 파니 새 비단 치마를 몇 벌이나 살 수 있는 돈이 마련되었다.

신사임당의 그림은 이미 많은 사람들에게 알려져 있었기 때문에 그림을 사려는 사람이 많았다. 하지만 그림은 마음을 수양하는 예술이라 생각했던 사임당은 그림을 팔아 돈을 만들지는 않았다. 다만 그 때는 그 부인의 딱한 사정을 보고 도와주려는 마음에서 그림을 그려주었던 것이다. 이처럼 긍휼함과 사랑 넉넉함도 가지고 있었던 현숙한 여인이었다고 전한다.

신사임당 그는 정말 길이 역사에 남을 아름다운 현숙한 현모양처였다.

쉐산도 파고다

9월이라고는 하지만, 여름의 늦더위가 기승을 부린다.

열대지방이라선지 만만치 않은 더위를 무릅쓰고 유유자적 여행지를 이곳저곳 탐방한다.

쉐산도 파고다. 간담이 서늘하고 오금을 저리게 하리만큼 떨리 는 5층 석탑.

이 지역이 11, 12, 13세기에 가장 영화스러웠던 곳이란다. 파고다를 오르는 계단이 매우 경사지고 넓이가 좁아 올라갈수록 그 정도가 심해지는 것 같다. 올라갈 때, 슬리퍼를 주변 아무데나 벗어놓으라고 한 가이드 말을 처음엔 신뢰하기 힘들었지만, 아무도 가져가지 않는단다.

다른 곳에서는 이모, 고모하면서 엽서 등 매매도 강요하면서 1 달러! 1 달러를 외치며 달라고 따라다니는 아이들인데 이 파고다 앞에서는 '조심해요.'란 말도 하고 남의 물건에는 전혀 관심이 없이 파고다 앞에서는 숭고하다. 가이드의 말에 의하면 아이들이 한두 시간에 걸쳐 1달러를 번다고 했다. 그러면 이 나라 돈으로 3분의 1정도 되는 작은 돈을 부처님 앞에 보시금으로 얼른 집어넣는 그런 불심이 있는 국민성이 있어 더러

귀찮아도 모질게 하지 못한다는 말이다.

올라갈 때는 아래는 절대 보지 않고 옆에 있는 봉만 잡고 발끝만 보고 올라가야 했다 막상 올라섰지만 오래 머물러 있고 싶지가 않다.

5층 석탑이라고 하지만 우리나라의 7층 정도 되는 듯싶다. 가이드는 사방을 둘러보고 사진도 찍으라고 권유하지만, 마음이 와 닿지 않은 까닭은 사방팔방이 넓고도 넓은 땅이 다 사원들로만 구성되어 있는 까닭이었다.

내가 살아오는 동안 더 높고 많은 산에 올라가 봤지만, 참으로 오묘한 자연 앞에서 기쁨이 컸는데 왠지 모르게 무서움이 앞서는 것은 경사진 오름길이며, 내리막길이 걱정이 되는 이유이다. 난 고소공포증이 약간 있지만, 어린 시절부터 가장 무서운 꿈은 사다리를 타고 오르내리는 꿈이었다.

아찔하리만큼 허허벌판에 뾰죽이 서 있는 것이 탑에서 보는 관경이니 식상함이 앞서며 아름답기보다 오히려 무서움이 앞섰으니 그다지 행복하지는 않다. 그래서 함께 간 사람들에게 물어봤다. 무섭지 않느냐고 그분들은 그냥 조금이라고 말한다. 울음을 터뜨리고 싶다. 왜 나만 이런 증상이 있는 건지 아님 참을성이 없는 건지~

불국토를 꿈꾸던 미얀마 사람들은 여유만 있으면 파고다를 세운다고 한다.

그 덕분에 온 천지가 사원들로 가득한 도시, 아니 미얀마가 아닌가.

고대인들이 건설한 도시! 들판 가득 끝없이 서 있는 탑들.

바다에서 들려올 전설과 신화에 귀 기울이며 사라져간 옛 영광을 헤아려 본다.

쉐다곤 파우다

비 오는 날이지만 3박 4일의 여정을 마치고 밤 10시 비행기를 타야 한다. 때문에 비가 내리지만 일정을 마무리하기 전 쉐다곤 파우다를 찾았다.

지상14층 높이에 파고다를 세웠다고 한다. 당초는 원내 높이가 20m였으나 미얀마 왕조들의 끊임없이 경쟁적으로 증축 보완하여 오늘날 높이가 992m에 이른다.

때문에 쉐다곤 파고다는 양곤 시내 어느 방향에서도 선명하게 한 눈에 들어온다.

세계 불교인들의 성지로 부처님 재세 시인 2,500년 전에 세워진 사원이다.

사원의 지하에는 부처님의 머리카락과 다른 신성한 사리들이 보존되어 있다고 전해진다. 탑의 꼭대기에는 '일산' 76캐럿 다이아몬드를 비롯해서 금, 루비, 사파이어 등 수많은 보석들로 치장되어 있다.

쉐다곤 파고다에 접근하는 길은 동서남북 4개의 큰 회랑이 있고, 사원에 올라서면 어른 몇 사람이 팔 벌려 감싸 안아도 부족할 만한 보리수나무가 두 그루나 떡 버티고 있는 모습이 또 하나의 멋진 광경이 아닐 수 없다. 학교 음악 교과서에 실려 있는 「보리수」 노래가 저절로 흥얼거려진다. 성문 앞 그늘 아래 서 있는 보리수. 나는 그 그늘아래서 단꿈을 꾸었네. 웅장한 파고다에 우직하게도 서 있는 보리수 나무가 아이러니하게도 매력이 아닐 수 없다.

사원 꼭대기에는 10m 높이의 '일산'이 있는데 이곳에는 수많은 보석이 달려 있다.

일산 꼭대기에 올라갈 수는 없어서 사진을 직접 찍어 놓은 것을 보고도 못 미더워서 망원경으로 그 모습을 확인했다. 아~~ 꿈이 아닐까 하는 보석들. 76캐럿짜리 다이아몬드와 주변에는 수많은 보석(5,500개)들이 있다. 더불어 각종 보석을 다 달 수가 없어서 보자기에 싸 얹어 놓았다고 하니 국민들의 어마어마한 애정이 아닐 수 없다. 이처럼 많은 보석이 심하게 바람이 부는 날이면 땅에 떨어지기도 하지만, 어느 누구도 주워가지 않는다고 하니, 참으로 부처를 신성시하는 신앙심과 국민성 또한 대단한 것 같다.

쉐다곤에는 각 요일마다 지정된 부처상이 있는데, 많은 미얀마 사람들은 자신이 태어난 요일의 부처상을 찾아가서 불전을 하고 꽃을 바치며 소원을 빈다. 여기서 또 빼놓을 수 없는 것은 쉐다곤 사원에 있는 '미히간디 종'이다. 무게가 23톤, 22m에 이른다. 이 종을 영국이 욕심내어 본국으로 가져가려다 무게에 힘겨워 종은 강에 가라앉아 실패한 것을 미얀마인들이 건져 올렸다고 한다. 이 종은 미얀마인들의 자부심이기도 하다. 종은 대단히 두꺼웠고 아무나 종을 칠 수 있도록 배려했다. 무게 만큼이나 꽤 웅장하지만 은은한 종소리다.

평일임에도 불구하고 찾아드는 미얀마 사람들은 젖은 바닥임에도 불구하고, 앉아 쉐다곤 사원을 향해 열심히 기도한다. 그들은 과연 무엇을 위해서 기도하는 걸까.

쉐다곤 파고다는 최고 권력자의 명에 의해 건립된 파고다라고 한다. 부처님의 복제치아사사리를 보관한 곳으로 8개의 나한들이 부처님 치사리를 중심으로 둘러 있다.

스님들 안식일이라 가사가 공양되어 있다. 가사 공양은 불자들이 자신이 좋아하는 불상에 가사를 입힌다고 한다.

이 어마어마한 불교성지가 그들에겐 생활공간이며, 그들만의 안식처이며, 꿈이기도 한 것 같다는 생각을 하며 파고다를 뒤로하고 발걸음을 옮긴다.

미얀마(혜호)

미얀마를 400만 기의 불탑이 세워진 세계 최대의 불교국가로만 여기기엔 너무나 아쉽다. 종교순례 이상의 자연 속 힐링을 만끽할 수 있기 때문이다.

미얀마 중부 고원지대에 위치한 혜호, 미얀마의 숨은 보석 같은 이곳에서 마주한 힐링의 세계 혜호 호수는 인따족의 마을이기도 하지만 직경 20km 큰 호수이기도 하다.

호수 위의 수상 마을과 호수 중심의 불교문화를 보기 위해 호수로 들어가는 통 배, 배를 타니 맞바람이 얼굴을 강하게 스치울 뿐만 아니라 장렬하게 쏟아져 내리는 뜨거운 불볕은 머리에 숯불을 얻어 놓은 듯하다. 우산을 받지 않고서는 견딜 재간이 없고, 앞을 내달리는 바람은 모자를 벗겨 달아나며, 근심까지도 가지고 날아간다.

호수 위에서 펼쳐지는 수상시장은 우리나라의 몇 년 전의 모습일까? 전설 같은 호랑이 담배 피던 시절 이야기처럼 애잔하기만 하다. 우리나라의 60~70년대의 풍경이라면 과장된 표현일까? 수상시장과 황금빛 팡도우파고다 사원은 맑은 햇살에 반짝이는 그 밝은 기운이 마음속 깊숙이 어두운 곳까지 비추는 듯하다. 세계 3대 불교 유적지 중 하나인 미얀마 1천여 년 전부터 세워지기 시작한 이곳의 불탑들은 불자들의 자발적인 보시로 세워진 마음의 역사다. 혜호를 들어가 2시간 정도 탐방하고 돌아오는 도중 물 위에 세워진 '수상마을의 비단 직조 공장' 가느다란 실과 실이 만나 옷감을 만들어내고, 그 위에 정성 어린 손길과 땀방울이 더해지는 모습, 베틀 안에 앉아 있는 여인의 하루가 액자 속의 그림과 같다.

하루 이틀 사흘, 그리고 그 이상의 시간이 더해져서 만들어진 고운 빛깔의 천들 내 어린 시절에도 얼핏 이웃 할머니의 모습을 그림자처럼 본 기억이 있다. 재배한 삼의 껍질을 벗기고 삶아서 쪼개고 또 쪼개어서 베틀에서 북(실타래)가 왔다 갔다 하는 모습을 본 기억이 있다. 잊혀진 내 어린 시절의 풍경을 이곳에서 찾아냈다.

정말 잊을 뻔했던 일들이 어슴프레하게 안개속의 모습을 들여다보는 것과 같은 추억을 되찾아냈다.

탐방하고 오는 길목 인따족의 마을을 지나면서 생명의 신비함, 강인함을 느껴본다. 미얀마 문명도 중요하지만 혜호도 참 신기함이 느껴진다. 미얀마 여행 중 느끼는 것은 의아함이다. 이런 척박함에서도 기도하며, 생활하는 그들의 생활, 대나무와 갈대, 부레, 옥잠화, 흙을 밭으로 만들어 물 위에 띄워 식물을 재배하는 인따족은 자연을 거스르지 않고 순응하면서, 그 삶 속에서 일상의 기적을 만들어가는 모습이 감동이 아닐 수 없다.

이어서 중식을 하기 위해서 혜호 수상 식당에서 참으로 신기하고 놀라웠던 상황은 서빙하는 청년들의 모습이다. 그들은 한국 사람들을 많이 보아서인지 k-pop도 알고, 그들을 흉내 낸 머리 모양과 다양한 색상으로 슈퍼쥬니어와 아이돌의 모습을 하고 있는 것이 아닌가? 난 그 모습이 신기하기만 하다. 미얀마에도 k-pop과 한국드라마는 속된 말로 인기 짱인 모양이다. 하기야 80%의 관광객이 한국 사람들이라고 하니, 그들이 한국을 좋아해서이기도 하겠지만, 한류풍이 그들을 감동시킨 모양이다 괜시리 한국인이란 자부심이 강하게 실린다.

저녁 시간 수상 방갈로의 밤은 세상 어디에나 똑같은 것 같다. 8월 추석이라선지 보름달이 웃으며 물속에서 물 위로 서서히 떠오른다. 어린 시절 뒷동산에 떠오른 달은 내 가슴에 담아도 너무나 커서 넘쳐났다. 그때의 그 보름달을 이곳에서 만나니 반갑기 그지없다. 또한 내 나라에만 떠 있을 보름달이라 생각했는데, 아시아의 시간차는 몇 시간 차이기에 똑같은 모습을 볼 수 있음이 기쁨이니, 어린 시절 동요가 입가에서 맴돈다. 얘들아 나오너라 달 따러가자 장대 들고 망태 들고 뒷동산으로 뒷동산 올라가 구름을 타고…. 미얀마 국가가 아직은 덜 개발되었지만 머지않아 대국이 될 것을 생각해본다. 국토가 넓고 자원이 많은 나라이기에 ….

라오스 그리고 루앙프라방

여행이라는 게 언제나 그렇지만 피곤하면서도 낯선 곳에 대한 괜한 설렘과 기다림의 연속이다. 전날 밤 가족들과 이야기꽃을 피우지만 도무지 이 이야기는 끝이 나지 않는다.

때문에 다음날을 위해서 잠을 자야 한다는 가이드들의 말을 듣고 어거지로 잠을 청하지만 새벽녘엔 비몽사몽이기 마련이다. 그런데 어디서 들려오는 소리인지 제법 시끄러운 소리에 눈을 떠보니 아름다운 새소리다. 새소리 때문에 잠을 깰 수 있었던 것은 공기 청정한 나라요. 유토피아라는 뜻일 게다. 문을 여니 찬란하게 빛나는 맑은 햇살과 함께 묻어오는 꽃향기가 있다. 그래서 사람들은 이곳을 인도차이나의 마지막 에덴이라고 부르는가 보다.

과연 그 말이 실감난다. 우리 가족들은 거리로 나갔다.

빨간 가사를 입은 스님들이 아침 예불을 드리러 가는 그곳에는 흰 찹쌀밥, 준비한 꽃 준비한 여러것을 줄지어 오시는 스님들에게 바치기 위해서 정성 들여 만들어 온 음식들을 공양하는 라오스의 여인들이 무척이나 많다. 스님들도 공양을 받기 위해 손에는 준비된 그릇을 들고 있으며 밥을 얻기 위해서 그 나라 못사는 사람(거지)들이 또 줄지어 앉아 있으며 공양 전이라도 나눔의 생활을 하는 것을 볼 수 있다.

우리 식으로 하면 탁발 행렬과 비슷하다. 그것은 이 동네에서 행해지는 하루의 의식이다.

불교의 국가, 왕권의 국가 곳곳에서는 수련이 분홍빛 또는 흰 꽃으로 많이도 피어 있다.

라오스는 성지 순례차 각 나라에서 많이 찾아온다고 한다. 허나 여행자들은 학술, 역사, 환경을 볼 것이냐, 관광만을 할 것이냐를 생각한다고 한다. 그 만큼 모든 자료가 풍부한 나라라는 뜻이리라. 오고가는 길에 시장 통으로 발길을 옮겼다.

시장에서 파는 음식(요리)감은 왕거미, 매미, 메뚜기, 바퀴벌레, 개구리, 단백질 식품으로 손꼽는 것들로 즐비하게 늘어서 있다. 신기하고 놀라웠다.

이어서 관광이라는 테마를 가지고 떠난 곳이 닭새폭포. 23개의 계곡에서 물이 흘러들어 온다는 작은 호수 시원한 바람과 수정처럼 맑은 물에 손과 발을 담갔으며 시원스럽게 내려오는 물줄기 소리, 호젓하게 들려오는 매미 울음소리는 자연의 오케스트라를 듣는 것처럼 편안했으며, 여행 중에 잠깐의 여백을 갖는 시간 또한 작은 기쁨이었다.

이어서 카누코끼리쇼, 공개. 4마리의 덩치 큰 코끼리가 갖은 애교를 부리며 초청한 손님에게 큰절하기, 모자 씌워주기, 농구게임, 축구공차기, 두마리 코끼리는 사람 그네 태워주기 등 각양각색의 묘기를 선보였다.

그들은 그 훈련과정에 이르기까지 많은 고통이 뒤따랐겠지만 운명에 순응하는 법을 배워버린 듯 잘 조련된 솜씨를 유감없이 발휘해냈다.

짐승들도 잘 조련하면 어떠한 일들을 다할 수 있음을 깨달을 수 있게 하는 양 싶다. 카누 유람 코끼리쇼를 관람 후 밀림지대의 원시부족 마을을 지난다.

꽃도 피고 개와 닭도 있으니 제법 사람 사는 마을처럼 격을 갖춘 셈이지만, 드문드문 인적의 기척이 멀리 있다.

다음으로 발걸음을 옮긴 곳은 라오스의 황금사원.

그 당시 왕은 온통 그 모든 문화를 금으로 장식하도록 했단다. 그 덕분인지 사원은 외부에서 내부 모든 물건이 금빛이다. 문화에 눈이 부시다.

이어서 도통 왓씨앙통 절에 들렀다. 이절은 1950년 건립되었으며, 이곳 루앙프라망에서는 가장 대표적인 사원에 속한다. 특히, 갖가지 색상을 입힌 유리와 금으로 모자이크 처리된 장식은 매우 아름답기로 소문나 있는 곳이기도 하다. 하지만, 사원 자체의 분위기가 자유롭고 부드럽게 잘 표현된 것 같다. 우리나라 부처는 높은 곳에 앉아 박재된 듯 모든 것을 다 내려다보고 있지만, 이곳 부처들은 인간과 가깝게 또한 편안하게 배치되어 있다. 작은 공간에 부처들끼리 꽉 끼어 있는가 하면 마루에 누워 있는 부처, 높지 않게 앉아 있는 부처, 이곳 법당은 신들의 방이 아니라 신이 공존하는 방들이란 느낌을 받을 정도이다. 그중 큰 부처가 나를 보고 웃으신다. "식견을 넓히려고 멀리도 왔구나"라고 말하는 것 같다 다른 사람들은 봉헌도 하고 절을 하지만, 난 미안하다며 손을 흔들었다. 부처의 얼굴이 환해지며 활짝 웃는다. "그래, 너는 예수를 잘 섬겨라." 라고 웃으신다.

라오스 불교는 우리와 달리 승불교다. 그래서 그런지 각 개인이 부처를 깎아 만들어 이곳저곳에다 세워놓고 모시는 흔적이 꽤 오랜 세월이 흐른 것 같다. 그래서 모든 부처의 표정과 모양이 다르다. 자기들 의 염원을 담아 만들었기에 그 표정과 몸짓이 다를 수밖에 없으리라.

한참을 보고, 또 보고 가까이 가서 만져보기도 하지만, 그들은 낙천적인 습관이 깎아 만든 부처에도 전해지는 느낌이다. 공기 청정한 파라다이스가 그들의 삶이기에 그들은 욕심도 거짓도 없는 순수의 삶 그 자체이다. 아직도 문맹률이 40%나 된다고 하니 라오스 국민들은 세상에서 손꼽을 수 있을 만큼 행복지수가 높은 까닭이 아닐는지, 이들이 있어서 아직, 세상은 살만한 가치가 있는지도 모르겠다.

초록빛 수직 세상

나무에서는 피톤치드라는 성분이 있고 그 성분이 우리 인체에 미치는 영향이 마음을 편안하게 하며 눈의 피로와 머리를 맑게 한다고 하니 시간이 있는 사람들은 너도나도 “산이 좋아라.” 하는 격이 된 듯싶다.

주말이라 좋은 분들과 함께 상관면에 있는 공기 청정한 편백나무 숲을 찾아 떠났다.

마을 끝 주차장에서부터 편백나무 숲길은 시작된다. 아스팔트로 정비된 길 입구를 조금 걸으면 왼쪽으로 편백숲 오솔길이 보인다. 볕이 들지 않을 정도로 울창한 편백숲 오솔길의 길이는 2km라고 한다. 쉬엄쉬엄 오르면서 내려다본 산자락 아래는 어지러울 정도로 가파르지만 행여 발을 잘못 디딜지라도 나무 사이로 걸릴 정도로 빼곡한 숲길이다. 산속에는 이상하리만치 다른 잡초들이 전혀 없는 것이 특색이다. 그 이유는 편백나무에서 나오는 향이 살균을 한다는 뜻이리라.

얼마나 이야기꽃을 피우면 걸었을까? 걷다 보니 벌써 끝이란다. 코스가 그리 길지는 않다. 하지만 한 걸음 한 걸음 내디딜 때마다 편백나무에서 내뿜는 피톤치드가 온몸을 자극하니 맑고 깨끗함으로 채워주는 기분이다.

오르막길에서 하늘을 잠깐 올려다보니 저 나무 끝까지 뻗은 편백 가지가 옅은 햇빛과 조우하는 모습이 영화 속의 한 장면 같다. 가지가 바람에 흔들릴 때마다 눈부신 햇살이 살짝살짝 숲으로 스며드는 것을 보니 "참 잘 왔다."는 생각이 솟구친다. 그렇게 편백나무의 정기를 온전히 받아가며 오솔길을 걷다 보면 산책로와 마주한다. 임도로 이어지 는 산책로는 오솔길과는 또 다른 매력이 있다.

편백숲 오솔길이 한 사람 겨우 지나가는 좁은 골목길이라면 산책로는 동행한 사람과 나란히 걸으며 도란도란 밀린 이야기를 나눌 수 있는 여유로운 골목길이다.

길 중간중간 편백나무로 만든 벤치에 앉아 있노라니 부지런하고 인정 많은 분이 싸가지고 온 사과를 깎아 들이민다. 한입 베어 문 사과향은 향기로울 뿐만 아니라 평소에 사과의 맛이 이런 꿀맛이었나 싶다. 사과를 건네준 그분이 존귀해 보이기까지 한다.

이처럼 편히 쉴 수 있는 공간이 우리들 가까이 있으니 얼마나 행복한 일인지.

편백나무와 삼나무를 배경으로 피톤치드 나무 향을 맡으며 산책할 수 있는 이 길은 4㎞ 정도라고 한다. 오솔길만큼 편안한 산책로이다.

산책로 반환점을 찍고 다시 돌아서 내려오다 보면 제2등산로와 통문으로 나눠지는 사거리가 나온다. 여기서 통문 쪽으로 걸음을 옮긴다. 이 길을 따라 내려가면 좀 더 다양한 경험을 할 수 있다. 삼림욕을 마치고 통문을 지나 아래로 천천히 걷다 보면 어린이 숲 체험 교실이 나온다. 20여 개의 다양한 푯말과 함께 피부에 좋다는 알카리성 샘물이 또한 명물이다.

편백나무 숲은 찾는 이에게 많은 것을 내어주고 한 번쯤 자신을 돌아볼 수 있는 여유와 초록빛 편백 향기, 그리고 소중한 사람과의 추억을 선물로 건넨다.

'하늘 위로 곧게 뻗은 수직 세상'은 반듯하게 잘 키운 멋진 대한민국의 남아를 생각하게 한다.

아름다운 간격

가을이 산을 내려오고 있다. 대청봉이나 내장산처럼 자지러지는 단풍은 아니지만 산정에만 드문드문 보이던 황갈색이 어느 틈에 산 중턱까지 내려 왔는가 싶더니 우리 아파트 가로수 벚나무까지 퍼졌다. 봄은 있는 힘을 다해 산등성이를 기어 올라가더니 가을은 왜 이렇게 신속하게 내려오고 있는지 빠른 세월이 아쉬워 천천히 내려오라고 주의를 주고 싶다. 어린시절엔 단풍이 아름다워 가을이라는 계절을 좋아했는데 요즈음에 추위를 가져다주는 가을이기도 하지만 한해를 또 보내야 된다는 생각에 좋아하는 계절로 망설여지려고 한다.

등산로 초입 커다란 아름드리나무도 있고, 여러 종류의 나무도 있지만 가을이면 산이나 들, 어디든 벚나무 단풍이 참으로 곱지만, 간격을 잘 유지한 나무의 잎새는 더 곱게 물들어 있는 걸 볼 수 있으며, 은행나무의 가로수도 간격이 잘 유지된 곳 역시 멋진 단풍을 볼 수 있다. 도심을 벗어나면 해바라기 꽃과 키 큰 수수의 밭을 만날 때가 있다. 간격에 따라 심어진 꽃밭은 지체 높은 귀인의 말년처럼 기품이 있게 사위어가고, 튼실한 열매를 맺어가기도 하는 모습을 보면 무엇인가

정돈된 듯해서 즐겁기도 하다. 어린 시절 즐겨 불렀던 노래가 생각난다.

"나란히 나란히 나란히~ 댓돌 위에 신발들이 나란히 나란히 나란히~"

올 여름 베란다에 내어놓은 다육이가 하루가 멀다 하고 바짝바짝 말라 간다.

간간히 물을 뿌리는데도 불구하고 웃자라거나 시들어버려서 창 안쪽으로 태양의 거리를 조절했더니 싱그럽고 푸른 식물을 만날 수 있었다. 현악기의 줄들을 보라 줄은 서로 혼자이듯 하지만 연주 할 때는 울림이 강한 아름다운 소리를 만들어 낸다. 만약 이 줄들이 얽히고설킨 상태가 하나라고 보자. 과연 이처럼 아름다운 선율의 소리를 낼 수 있었겠는가.

눈 내리는 겨울 썰렁해진 거실을 빨리 덥히는 수단으로는 회전 스텐드나 난로가 최고다. 하지만, 몸을 덥히기 위해서 가까이가면 너무 뜨거워 옷을 태우기가 일쑤이지만 거리가 너무 멀어지면 열이 약해서 난로의 의미가 없어진다. 그러나 거리조정을 잘하게 되면 이처럼 따뜻하고 포근할 수가 없는 귀중한 존재가 된다. 사람들의 관계도 마찬가지다. 가족이든 친구든 가끔은 거리를 조절하지 못해서 낭패가 있는 경우를 종종 보게 된다. 특히, 사람의 관계가 그렇다. 너무 가까이하게 되면 상대를 피곤하게 할 때가 많기도 하고, 상처를 받기도 한다. 그러나 좀 소홀하다 싶으면 간격이 너무 멀어져 친분관계가 회복되기가 어려워지는 관계가 되는 사례를 종종 보게 된다.

텅빈충만

푸른 연녹색의 나뭇잎들이 무더위에 지쳤는지, 아니면 강한 태양빛에 색이 바랬는지는 모르겠지만 어느 틈에 붉게 물드는 저녁놀처럼 빨간색으로 혹은 각양각색으로 물들어가는 듯싶더니 바람이 쏴아 불어올 때마다 무섭게 울분을 토해내는 짐승처럼 울컥울컥 잎들을 토해내는 나무들을 보니 가을이 금방이라도 떠나가 버릴까 봐 두려움과 아쉬움이 드러난다.

늦가을의 정취를 만끽하며 향일암을 오르는 길목은 즐겁다. 오랫동안 산을 멀리했던 덕분에 힘들기도 하지만 가을이 주는 메시지를 만날 수 있기에 즐겁기만 하다. 자연이 주는 오묘함 앞에서 숭고하기까지 한 것은 자연은 나로 하여금 자연을 통해철 들게 하기 때문이다. 자연의 메시지는 살아 숨쉬는 선생님의 교훈이다.

산사를 향하는 길목은 좁다란 바위 틈새의 길이다. 잠시 걷는 그 길은 나 혼자만의 소유의 길목이다. 평온함과 웬지 모를 호젓함이랄까, 충만함마저 가져다주기도 한다. 그 바위 틈새에서도 식물들은 "살아 있음이 이런 거야."라고 종족번식의 비장한 모습을 보여주기도 하고,

돌계단을 한참이나 힘들게 기어오르다시피 올라서니 대웅전 앞에서 본 풍경은 어제도 아니고 내일도 아닌 "지금 이 순간이 중요해."라고 말하는 듯싶다.

감탄을 하며 사진에서나 볼 수 있었던 그 장면을 감상하기에 여념이 없다. 향일암의 암자에서 바라다본 남해 바다의 아름다움이 올라오느라 수고했다는 듯 피로감을 한순간에 확 날려 버리기에 좋았다.

내 앞에 모든 장애물이 다 걷힌듯 푸르른 바다가 한눈에 들어오니 맑은 공기를 한숨에 들이키고 평온한 바다를 바라본다. 자연의 유대함과 물의 위력함을 생각한다. 한 방울의 물이 모여서 바다가 되기까지의 수많은 사연들이 있었으리라. 바다를 바라보며 땀을 훔쳐내고 앉아 심호흡을 하는 동안 바다의 이야기를 듣는다. 고통과 힘듬을 이길 수 있는 길은 오직 '인내'였다고, 이젠 그들은 살아가는 동안은 서로 아우르고 협력하는 길만 있을 뿐이라고….

매일 매일 바다는 맑은 물들을 간직하기 위해 기지개를 켜기도 하는데 사람들은 폭풍이라고도 하고 파도라고도 한다. 그리고 그들은 눈에 비치는 모든 것들을 하나둘씩 담는다. 산도 담고 하늘도 담고, 날아가는 새들의 모습도 담고, 계절도 담고, 우리 모두가 이곳을 왔다 가는 모습도 담아내고 있다. 때문에 말없는 자연 앞에서는 항상 숭고할 수밖에 없는 이유이다. 그 자연의 법은 충만한 진리요, 가르침이기에 더 더욱 맑음이다. 오늘처럼 좋은 전망을 만나는 게 얼마나 행운인가.

좋은 전망이 많이 있기도 하지만, 좋은 전망을 찾아내기는 참으로 쉽지 않다.

때문에 바다를 찾고 산사를 찾는 이들을 위해서 바다는 늘 새로워지려고 한다.

항일암 전망이 좋아서 찾고, 새해 해돋이를 보기 위해서 이곳을 찾고, 이 모양 저 모양으로 찾고 찾는 이들의 사연은 다양한지 모르겠다. 상음전으로 오르기 전 두 나무의 정다운 모습을 만난다. 그들의 모습은 오누이처럼 친구처럼 정답다. 후박나무와 동백나무의 어울림의 모습을 한 컷 담고 상음전으로 오른다.

길목은 좁디좁은 바위 틈새 길, 오르기 위에 바위에 머리를 부딪치지 않으려고 고개를 숙일 수밖에 없다. 바위는 우리에게 양보하는 법과 미덕, 겸손을 가르치기 위해 세워진 뜻이 아닐런지. 거북이 모습 또한 정답다. 난간 위든 어디든 세워진 거북이 모습은 무엇을 뜻하는지는 알지 못하지만 이곳을 찾아오는 모든 이들에게 축복을 빌어주는 뜻은 아닐까. 혹여 장수와 부귀를 기원한 것일 수도 있고, 이 절을 지켜주는 수호신일 수도 있으리라.

깊어가는 가을! 하늘은 청명하고 명상은 소리 없는 음악과 같다. 사찰은 간간히 맑은 바람과 새소리만이 들어왔다 사라져 갈 뿐이지만, 새로 켠 촛불은 그 전의 촛불이 아니 것처럼 어제의 명상은 오늘의 명상과 같은 것일 수 없다.

법정 스님은 『텅빈충만』에서 이렇게 노래한다.

'대숲의 바람 소리, 시냇물 소리는 비발디나 바흐의 가락보다 그윽한 음악으로 들을 수 있다.'

정말 잠깐이지만 좋은 자연과 접하는 이 순간 복잡하게 돌아가는 세상살이를 뒤로함은 행복이다. 세상은 얽히고설켜 옳고 그름을 따지며, 누가 더 크냐 운운하는 틈새를 벗어난 이 기회는 충만함이다. 어린시절 친구들과 냇가에서 물장구를 치고 혹은 세숫대야에 흙을 풀어놓으면 흙탕물로 흐려 다른 사물이 보이지 않는다. 하지만 잠시 후 평정의 상태로 되돌아온 물을 바라보면 흙은 가라앉고 물은 둘레의 사물이 맑게 비친다. 본래 청정한 제자리를 찾아오는 것이다. 그때의 순간처럼 잠시 잠깐이지만 그 모든 것을 내려놓고 있는 이 순간은 행복이다. 비어있기에 가벼운 탓이리라.

텅 빈 마음이기에 바다가 하늘을 담은 것처럼, 잠시일지라도 마음을 다 내려놓고 자연을 만끽하는 시간은 자유롭다. 비어있다는 것은 다른 것들을 채울 수 있는 여백이 있음이요, 텅 빈 마음은 순수하다는 뜻이요. 비어있기에 충만한 기쁨이 있다.

황점복 수필집

아름다운 간격

인쇄 2014년 12월 20일
발행 2014년 12월 23일

지은이 황점복
발행인 서정환
펴낸곳 신아출판사

주소 전북 전주시 완산구 공북 1길 16(태평동 251-30)
전화 (063) 275-4000 · 0484 · 6374
팩스 (063) 274-3131
이메일 shina2347@naver.com sina321@hanmail.net
출판등록 제465-1984-000004호
인쇄 · 제본 신아출판사

ISBN

값 10,000원

※이 책의 제작비 일부는 전라북도문예진흥기금의 지원을 받았습니다.

Printed in KOREA